O MISTÉRIO
DE PENTECOSTES

RANIERO CANTALAMESSA

O MISTÉRIO DE PENTECOSTES

Todos ficaram cheios do Espírito Santo

EDITORA
SANTUÁRIO

DIREÇÃO GERAL:
Pe. Luís Rodrigues Batista, C.Ss.R.

DIREÇÃO EFITORIAL:
Pe. Flávio Cavalca de Castro, C.Ss.R.
Pe. Carlos Eduardo Catalfo, C.Ss.R.

COORDENAÇÃO EDITORIAL:
Elizabeth dos Santos Reis

TRADUÇÃO:
Pe. Ivo Montanhese, C.Ss.R.

COPIDESQUE:
Elizabeth dos Santos Reis

COORDENAÇÃO DE REVISÃO:
Maria Isabel de Araújo

REVISÃO:
Ana Lúcia de Castro Leite

COORDENAÇÃO DE DIADRAMAÇÃO:
Marcelo Antonio Sanna

DIAGRAMAÇÃO:
Paulo Roberto de Castro Nogueira

CAPA:
Bruno Olivoto

Título original: *Il mistero di Pentecoste*
© Àncora Milano, 1998
ISBN 88-7610-674-X [LA]

Dados Internacionais de Catalogação na Publicação (CIP)
(Câmara Brasileira do Livro, SP, Brasil)

Cantalamessa, Raniero
  O mistério de Pentecostes: todos ficaram cheios do Espírito Santo
/ Raniero Cantalamessa; | tradução Ivo Montanhese |. — Aparecida, SP:
Editora Santuário, 1998.

  Título original: Il mistero di Pentecoste.
  ISBN 85-7200-559-5

  1. Espírito Santo 2. Espiritualidade 3. Pentecostalismo I. Título. II.
Série.

98-2734   CDD-248.29

Índices para catálogo sistemático:
1. Pentecostalismo: Experiência religiosa 248.29

8ª impressão

Todos os direitos em língua portuguesa
reservados à **EDITORA SANTUÁRIO** – 2022

Rua Pe. Claro Monteiro, 342 – 12570-000 – Aparecida-SP
Tel.: 12 3104-2000 – Televendas: 0800 - 0 16 00 04
www.editorasantuario.com.br
vendas@editorasantuario.com.br

Apresentação

As quatro meditações aqui reunidas, pregadas pelo autor primeiramente para a Casa Pontifícia, fazem parte da série "Os Mistérios de Cristo na vida da Igreja", da qual a Editora Santuário já publicou "O mistério da Ceia", "O mistério da Páscoa" e "O mistério do Natal".

Pentecostes, e mais em geral a obra do Paráclito, é considerada aqui sucessivamente na particular compreensão apresentada por Lucas nos Atos, por João no seu evangelho e por Paulo nas suas cartas.

Juntando seus diversos e complementares pontos de vista, obtém-se uma imagem por assim dizer tridimensional do evento do Espírito, particularmente apta a favorecer a catequese e a devoção no ano a ele dedicado na preparação do Grande Jubileu.

Este livro integra aquele que o autor escreveu mais extensa e aprofundadamente no seu recente comentário ao "Veni creator", intitulado "O Canto do Espírito".

1 Começaram a falar em outras línguas

O Pentecostes lucano e o Espírito de unidade

O Pentecostes é um mistério cristológico, isto é, com referência a Jesus Cristo. Em sentido passivo — com referência ao enviado —, o Pentecostes é o acontecimento do Espírito Santo, o mistério pneumatológico por excelência; mas, em sentido ativo, com relação ao que envia, ele é um mistério que se refere também a Cristo. Assim Pedro explica o evento de Pentecostes: "Exaltado pela direita de Deus e recebida do Pai a promessa do Espírito Santo, distribuiu-o conforme vedes e ouvis" (At 2,33). É Cristo que infundiu o Espírito Santo! De resto, o Pentecostes é um evento cristológico também, no sentido passivo, porque aquele que foi enviado aos discípulos naquele dia não era outro senão o "Espírito de Jesus", o Espírito do Filho, ou seja, a terceira pessoa da Trindade, mas enquanto apresentada e feita história no homem Jesus de Nazaré.

O Pentecostes é um mistério cristológico em especial por causa da realidade do corpo místico. Paulo diz que, subindo ao céu, Cristo "distribuiu os dons aos homens" (Ef 4,7). Mas o versículo do salmo que ele cita aqui diz antes o contrário, isto é, que "recebeu dons no homem" (Sl 68,19 LXX). Como pois a mudança de verbos? Tanto uma como outra coisa — explica Santo Agostinho — é verdade. O próprio Cristo de fato é aquele que dá e que recebe o Espírito Santo. Dá o Espírito Santo enquanto Cabeça, recebe-o enquanto Corpo. "Ele deu-o aos homens como a Cabeça a seus membros, mas ele o recebeu também nos homens, isto é, em seus membros... O próprio Cristo, pois, ao mesmo tempo, deu-o do céu e recebeu-o na terra[1]."

Por que somente agora, no fim da revelação bíblica, é manifestada ao mundo a existência da terceira pessoa da Trindade? São Gregório Nazianzeno dá esta resposta baseado no conceito da pedagogia divina, que conserva até hoje sua validade: "O Antigo

---

[1] AGOSTINHO, *A Trindade*, XV, 19, 34 (PL 42, 1084).

Testamento, escreve, anunciou claramente o Pai e começou a fazer entrever obscuramente o Filho; o Novo Testamento revelou claramente o Filho e começou a fazer entrever a divindade do Espírito Santo; agora o Espírito Santo habita em nós e se manifesta a nós com clareza. Não teria sido prudente na verdade proclamar abertamente a divindade do Filho, quando não era ainda reconhecida aquela do Pai, nem impor aos homens o ônus de crer no Espírito Santo, quando não era ainda reconhecida a divindade do Filho"[2]. Quando se diz que "agora o Espírito Santo se manifesta com clareza", esse "agora" indica o tempo da Igreja, no qual a fé no Espírito Santo chega a atingir seu pleno meio-dia e a grande chama que é o dogma da divindade do Espírito Santo é colocada — como diz o mesmo santo — sobre o candelabro que é o símbolo da fé, o Credo[3].

A explicação que esse santo dá é confirmada também pelo testemunho da história. Foi necessário que primeiro a Igreja chegasse à certeza plena da divindade de Cristo, o que

---

[2] GREGÓRIO NAZIANZENO, *Sermões*, 31, 26 (PG 36,161).
[3] Cf. *Ibid.*, 12, 6 (PG 35, 849).

aconteceu no Concílio de Niceia em 325, para que se pudesse chegar depois à definição também da divindade do Espírito Santo, o que aconteceu apenas algumas dezenas de anos depois, no Concílio de Constantinopla em 381.

O tratado sobre o Espírito Santo apresenta uma outra característica que não olha tanto o tempo quanto o meio do seu conhecimento. Falando de Deus Pai podemos basear-nos, de qualquer modo, também na filosofia, sobre a teodiceia (existe de fato também o chamado "Deus dos filósofos"); falando do Filho podemos basear-nos na história, no momento em que ele se fez carne, e é justamente através da história que hoje nos aproximamos, de preferência, a ele. Mas para falar do Espírito Santo, que meios temos à disposição? Nenhum. Somente a Escritura. Ou melhor, temos sim um meio e um grande meio que não faz parte porém de nenhuma ciência humana. Temos a experiência "espiritual"! O próprio Jesus indicou-nos esse meio quando falou do Espírito: "O mundo não o vê e não o conhece, mas vocês o conhecem, porque ele está com vocês e estará em vocês" (Jo 14,17).

Nosso discurso sobre o Espírito Santo basear-se-á, pois, unicamente nestas duas fontes: a Escritura e a experiência. Por experiência não se entende somente minha experiência pessoal, ou a experiência apenas dos homens de hoje, mas também a dos outros e a do passado; em outras palavras: da Tradição. A experiência do Espírito na Igreja outra coisa não é senão aquilo que chamamos Tradição da Igreja.

Uma palavra sobre o espírito e a atitude interior com que fizermos esta releitura do acontecimento de Pentecostes. Dos Sacramentos se diz, na teologia, que "significando causam", isto é, que produzem ou realizam aquilo que significam com os seus sinais. Mas também da palavra de Deus se deve dizer qualquer coisa semelhante. Ela "significando, ou dizendo, causa", realiza, faz existir aquilo que expressa, não apenas o narra. O caso mais claro nesse sentido é a consagração eucarística. A Igreja, pela boca do sacerdote, narra aquilo que aconteceu na última ceia: "Na noite em que foi entregue, tomou o pão...". Por expressa disposição do próprio Cristo, quando esta narração da instituição é feita nos devidos modos, pelas pessoas qualificadas, ela opera aquilo que diz; não se limita a narrar aquilo que Jesus fez então na última ceia, mas o torna realmente presente. Deste modo forte, a coisa se realiza somente pela Eucaristia, isto é, pela presença de Cristo na Igreja; mas num nível diferente vale também pela presença do Espírito Santo. Escutando com fé aquilo que se realizou no Cenáculo cinquenta dias depois da Páscoa, o nosso relato não é um puro e simples narrar ou escutar. Por sua própria natureza, pela natureza da palavra de Deus que é "viva e eficaz", isso tende a renovar, a fazer de novo presente e operante aquilo que outrora se realizou. Como então está escrito que "todos ficaram cheios do Espírito Santo", assim também devemos agora "todos procurar estar cheios do Espírito Santo". Esta é a finalidade verdadeira do nosso fazer memória de Pentecostes, uma finalidade "espiritual", não puramente histórica. Não certamente por mérito de quem fala ou de quem ouve, mas unicamente pela graça daquele Deus que quer dar o seu Santo Espírito e procura toda ocasião de poder fazer isso. Toda a nossa reflexão sobre o mistério de Pentecostes será pois acompanhada, como de um pano de fundo ininterrupto, da súplica submissa que sai do profundo do coração: *Veni Sancte Spiritus*, "Vinde, Santo Espírito!"

1. "Batizados num só Espírito para formar um só corpo"

A narrativa de Pentecostes, nos Atos dos Apóstolos, começa com a indicação do tempo e do lugar: "Ao chegar o dia de Pentecostes, todos os discípulos estavam reunidos no mesmo lugar" (At 2,1). O tempo é pois aquele no qual os israelitas celebravam a festa de Pentecostes e o lugar é aquela "sala no plano superior" para a qual os apóstolos tinham se retirado depois da Ascensão de Jesus (cf. At 1,13). Continua depois, nos versículos seguintes, a descrição do milagre que acontece, em rápidos traços, do exterior para o interior, dos sinais visíveis para a realidade espiritual. "Objetivamente o versículo 2 narra sobre um ruído que enche a casa onde estavam reunidos; o versículo 3, sobre línguas de fogo que aparecem e que pousam sobre cada um deles; finalmente, o versículo 4 narra sobre o efeito verdadeiro e próprio, indicado e realizado por esses fenômenos: *E todos ficaram cheios do Espírito Santo*. O estar cheios do Espírito Santo expressa-se no fato de começarem a falar em outras línguas[4]." A "língua nova" é um sinal e uma manifestação do "coração novo" que o Espírito criou neles. Esses homens romperam as barreiras da própria língua, símbolo de todas as barreiras que separam os homens uns dos outros: a barreira das raças, da cultura, do sexo, das classes, do recenseamento...

Aqui se repete o que aconteceu no nascimento de Cristo e que Lucas descreve no início de seu Evangelho. O acontecimento não pode ficar escondido, a notícia do que aconteceu extravasou e se difundiu. Esta vez não se trata, porém, de poucos pastores palestinos, mas de representantes de todas as nações que estão debaixo dos céus e das quais Lucas fornece um elenco. O estupor chega ao cume quando cada um ouve os apóstolos falar em sua própria língua.

Os exegetas estão de acordo em deduzir que, assim fazendo, Lucas quis ressaltar "a missão universal da Igreja" como sinal de

---

[4] G. SCHNEIDER, *Gli Atti degli Apostoli*, Brescia, 1985, p. 336.

uma nova unidade entre todos os povos. Essa intenção de Lucas — e por isso do Espírito Santo que lhe inspirou ao escrever — fica mais clara indo à frente na leitura dos Atos dos Apóstolos. De dois modos o Espírito Santo trabalha pela unidade da Igreja: de um lado impulsiona a Igreja para fora, para abraçar na sua unidade um número sempre maior de categorias e de pessoas, e de outro lado para dentro, para consolidar a unidade conseguida. Ensina-a a se estender para a universalidade e a se recolher na unidade.

Vemos o primeiro dos dois movimentos em ação no capítulo 10 dos Atos, no episódio da conversão de Cornélio. Até que ponto deve-se estender a universalidade da comunidade dos discípulos de Cristo e quem é chamado a entrar nela? Depois da experiência feita no dia de Pentecostes, os apóstolos estavam prontos para responder: todos os judeus e os observantes da lei, pertencentes a qualquer povo. Tais de fato eram aqueles que no dia de Pentecostes tinham aderido à fé. Aconteceu um outro Pentecostes, muito semelhante ao primeiro — justamente aquele acontecido na casa do centurião pagão Cornélio —, para levar os apóstolos a alargar os horizontes e a fazer cair a última barreira, aquela entre judeus e pagãos.

O segundo movimento o vemos justamente no capítulo 15 dos Atos, no desenrolar do Concílio de Jerusalém, quando surge o problema de como fazer com que a universalidade não comprometa a unidade interna da Igreja. No decurso do longo e penoso processo que acompanhou a caminhada da Igreja em direção aos pagãos, o Espírito Santo revela um outro modo de operar a unidade que é necessário sempre saber reconhecer. Ele não opera na Igreja sempre de maneira repentina, com intervenções miraculosas e decisivas, como por Pentecostes, mas também, e mais vezes, num segundo modo: com uma presença e um trabalho discreto, respeitoso aos tempos e às divergências humanas, passando através de pessoas e instituições, orações e confrontos, e tudo orientando, mesmo demorando mais tempo, para o cumprimento dos desígnios do Pai. Assim, realmente, aconteceu no Concílio de Jerusalém, por causa da questão da atitude a se ter para com os convertidos do paganismo, cuja solução foi anunciada para toda a Igreja com as palavras: "Decidimos, o Espírito Santo e nós..." (At 15,28).

Na visão de Lucas, pois, o Espírito que em Pentecostes desceu sobre os apóstolos, e que continua depois a guiar a caminhada da Igreja na história, é fundamentalmente um Espírito de unidade. Paulo reassume com uma só frase esta compreensão da categoria do Espírito que foi também a sua: "Batizados num só Espírito para formar um só corpo, judeus e gregos" (1Cor 12,13).

2. O Espírito Santo, alma da Igreja

"Universal", originalmente, significa aquilo que é voltado para um (*uni-versum*), aquilo que tende a formar qualquer coisa do unitário. Por si, não indica pois somente um movimento em direção ao exterior, centrífugo, mas também em direção ao interior, centrípeto. A Igreja é universal não somente quando tende a atingir os "confins da terra", mas também quando tende em direção de seu centro que é a cabeça do corpo, o Cristo ressuscitado. Neste sentido, universalidade e unidade coincidem e o Espírito da unidade é também o Espírito de universalidade da Igreja.

A tradição da Igreja assumiu sempre esse significado de Pentecostes que diz respeito à universalidade e unidade da Igreja. "Em todas as línguas — escreve Santo Irineu, explicando o Pentecostes —, movidos por um mesmo Espírito, cultuávamos a Deus, enquanto o Espírito reconduzia à unidade as tribos separadas e oferecia ao Pai as primícias de todas as gentes[5]." Conforme a explicação mais antiga, Pentecostes era a festa das semanas, quando o sacerdote, no templo, oferecia a Deus as primícias da nova colheita (cf. Lv 23,10). Santo Irineu vê nisso uma figura que se realizou no dia do Pentecostes cristão, quando o Espírito Santo ofereceu ao Pai "as primícias de todos os povos", redimidos por Cristo. O mesmo santo procura explicar com uma imagem como o Espírito realiza essa nova unidade: "Como — diz ele —, da farinha seca não se pode fazer, sem a água, uma só massa e um só pão, assim nós que somos muitos não nos podíamos tornar um em Cristo Jesus sem a Água que vem do céu"[6]. Santo Agostinho, atormentado como estava pelo

---

[5] Irineu, *Contra as heresias*, III, 17,1.
[6] *L. cit.*

problema dos donatistas que cultivavam uma ideia particular e sectária de Igreja, dedicou quase todos os seus tratados sobre Pentecostes para ilustrar aquilo que ele significa para a unidade da Igreja: "Como então — escreve num de seus tratados —, as diversas línguas que um homem podia falar eram o sinal da presença do Espírito Santo, assim agora o sinal de sua presença é o amor pela unidade de todos os povos... Sabeis, pois, que tendes o Espírito Santo quando consentis que o vosso coração adira à unidade através de uma caridade sincera"[7].

Também Santo Agostinho, como Santo Irineu, recorre a uma imagem para explicar essa relação entre Espírito Santo e unidade. A imagem daquilo que a alma faz no corpo humano: "Aquilo que a alma é para o corpo humano — escreve —, o Espírito Santo o é para o Corpo de Cristo que é a Igreja. O Espírito Santo opera em toda a Igreja aquilo que a alma opera em todos os membros de um único corpo. Mas eis aquilo que deveis evitar, eis de que coisa deveis vos guardar, eis aquilo que deveis temer. Pode acontecer que

---

[7] AGOSTINHO, *Tratados*, 269, 3-4 (PL 38, 1236s.).

no corpo humano, melhor, do corpo humano seja cortado um membro: uma mão, um dedo, um pé. Será que a alma acompanhará o membro amputado? Quando este estava unido ao corpo, vivia; amputado, perde a vida. Assim uma pessoa é cristã católica enquanto vive no corpo; separada dele, torna-se herética e o Espírito Santo não acompanha o membro amputado. Se pois quiserdes viver do Espírito, conservai a caridade, amai a verdade, desejai a unidade e conseguireis a eternidade"[8].

Essa famosa imagem do Espírito Santo como alma da Igreja ajuda-nos a compreender uma coisa importante. O Espírito Santo não opera a unidade da Igreja, por assim dizer, no exterior, como causa eficiente somente; não impulsiona somente para a unidade, nem se limita a mandar que sejamos unidos. Não, ele "é" e "faz" a unidade. É ele mesmo o "vínculo de unidade", justamente como a alma no corpo. A frase tão estimada na liturgia: "na unidade do Espírito Santo" significa "na unidade que é o Espírito Santo".

Essa leitura tradicional da narrativa de Pentecostes é feita justamente pelo Concílio

---

[8] Id., *Tratados*, 267, 4 (PL 38, 1231).

Vaticano II, quando diz: "No dia de Pentecostes o Espírito Santo desceu sobre os discípulos para permanecer eternamente com eles, e a Igreja foi publicamente manifestada ante a multidão e teve início pela pregação a difusão do Evangelho entre as nações; e finalmente foi prefigurada a união dos povos na catolicidade da fé mediante a Igreja da Nova Aliança que fala todas as línguas, compreende e abraça na caridade todos os idiomas e assim supera a dispersão de Babel"[9].

3. Pentecostes e Babel

Mas por que, entre os vários fenômenos que acompanharam a vinda do Espírito Santo sobre os apóstolos, Lucas dá tanta ênfase ao fenômeno das línguas? Aqui não se trata de fato somente do conhecido dom de falar em línguas desconhecidas durante uma assembleia de orações. Isso de fato sempre deve ser acompanhado de interpretação por parte de alguém (cf. 1Cor 14,27s.); enquanto que aqui não há necessidade de interpretação alguma

---
[9] *Ad gentes*, 4.

porque o milagre consiste justamente no fato de que cada um compreende imediatamente aquilo que os apóstolos dizem, como se tivesse ouvido falar em sua própria língua.

A resposta constante da Tradição, mantida também até hoje pela maioria dos exegetas, é que Lucas com isso quis criar um tácito contraste entre aquilo que aconteceu na construção da torre de Babel e aquilo que se verifica agora, em Pentecostes. São Cirilo de Jerusalém, por exemplo, escreve: "Em Babel, pela confusão das línguas, aconteceu também a divisão da vontade, tratando-se de um projeto contrário a Deus; agora, ao invés, as disposições dos ânimos são restituídas para a unidade para que se movam na direção de um fim de piedade"[10]. Santo Agostinho, por sua vez, diz: "Por culpa dos homens soberbos foram divididas as línguas; graças aos humildes apóstolos as línguas são reunificadas"[11].

Essa interpretação — comum, como se vê, seja no oriente como no ocidente cristão — foi acolhida na liturgia que inseriu o episódio de Babel entre as leituras da vigília

---

[10] Cirilo de Jerusalém, *Catequese*, XVII, 17 (PG 33, 989).
[11] Agostinho, *Exposição sobre os Salmos*, 54, 11 (CCL 39, p. 665).

de Pentecostes e foi mantida nos inícios da reforma e em particular por Lutero[12].

Mas que tipo de correlação existe propriamente entre os dois fatos de Babel e de Pentecostes? Trata-se de um paralelismo antitético, ou seja, que contém um elemento de afinidade e um elemento de contraste. A Igreja é a nova Babel, exatamente como Cristo é o novo Adão. O elemento de afinidade é que em ambos os casos se trata de um projeto de unidade entre todos os povos, tornado possível e manifestado pela unidade da língua. Lá todos os povos da terra "tinham uma só língua" (Gn 11,1), aqui cada um ouvia os apóstolos "falarem em sua própria língua" (At 2,6).

O elemento de contraste consiste no tipo de unidade que se quer e é um contraste radical. A unidade de Babel é uma unidade humana, planejada pelo homem e que tem como fim a glória do homem: "Vinde — eles dizem —, construamos uma cidade e uma torre, cuja extremidade atinja os céus e façamos para nós um nome, para não nos dispersarmos sobre a terra" (Gn 11,4). "Façamos para nós

---

[12] Cf. LUTERO, *Comentário ao Gênesis*, em WA 42, p. 413.

um nome!" e não: "Façamos um nome para Deus!" É um projeto de unidade que nasce da vontade de poder e de fama, isto é, da soberba. Em Pentecostes, ao contrário, todos compreendem a língua dos apóstolos, porque estes "anunciam, nas várias línguas, as grandes obras de Deus" (At 2,11). Não estão erguendo um monumento para si mesmos, mas para Deus. Acentuando esse elemento de contraste, pode-se com razão dizer que a Igreja, mais que nova Babel, é a antibabel.

O ensinamento bíblico que emana da aproximação entre Babel e Pentecostes é que justamente mostra que há dois tipos de unidade possíveis: uma unidade segundo a carne e uma unidade segundo o Espírito. O que faz a diferença é o centro. Trata-se por isso de saber quem está no centro de certa unidade, ao redor de quem ela é construída: se em torno de Deus ou em torno do homem.

Todos queremos a unidade. Depois da palavra felicidade, não há talvez nenhuma outra que corresponda a uma necessidade tão impulsionadora do coração humano como a palavra unidade. Somos "seres finitos, capazes do infinito", e isso quer dizer que somos criaturas limitadas, que aspiram a superar o nosso limite, para ser "de certo modo tudo". Não nos resignamos a ser aquilo que somos. É qualquer coisa que faz parte da própria estrutura do nosso ser. Quem não se recorda de certos momentos da juventude (quando essas experiências acontecem, ao vivo, e só mais tarde através dos livros as compreendemos melhor), quem não se recorda, digo, de algum momento de angustiante necessidade de unidade, quando gostaríamos que todo o universo se encerrasse num só ponto, e estar, junto com todos os demais, naquele único ponto? Tanto o sentido de separação e de solidão no mundo se fazia sentir com sofrimento. Santo Tomás de Aquino explica tudo isso dizendo: "Porque a unidade (*unum*) é um princípio do ser como a bondade (*bonum*), disso resulta que cada um deseja naturalmente a unidade, como deseja o bem. Por isso, como o amor ou o desejo do bem causa sofrimento, isso também acontece com o amor ou o desejo da unidade"[13]. Isso vale antes de tudo para a unidade interna de cada pessoa em particular, mas vale também para a unidade maior com todas as outras pessoas.

---

[13] TOMÁS DE AQUINO, *Suma Teológica*, I-IIae, q. 26, a. 3.

Alguém disse que "o inferno são os outros"[14], e a afirmação pode ser entendida também num sentido distinto do entendido pelo autor. Os "outros", os diferentes de mim, *são* aqueles que eu *não sou*. E não tanto porque eles *têm* alguma coisa que eu não tenho, quanto porque são alguma coisa que eu não sou. Simplesmente porque são. Com o seu simples existir recordam-me meu limite, que eu não sou o todo. Ser um indivíduo particular, distinto e diverso de todos, significa de fato ser aquele que se é e não ser todo o resto que me rodeia. Ser si mesmo comporta a terrível consequência de não ser outro que si mesmo, isto é, um pequeníssimo istmo de terra firme, ou melhor, uma minúscula ilha, circundada por todas as partes pelo grande mar do meu não ser. Os outros então são abismos do não ser que se escancaram ameaçadoramente ao meu redor. E daqui a dizer que os outros são o meu "inferno", numa visão puramente filosófica e por acréscimo ateia, não está mais que a um passo de distância.

A necessidade de unidade é fome da plenitude do ser. Fomos criados para a unidade,

---

[14] J. P. SARTRE, *Porte Chiuse*, V.

porque fomos criados para a felicidade. A unidade ou a comunhão com os outros é de fato o único modo possível para encher aqueles "abismos" que se abrem ao redor de mim. No fundo não só do matrimônio, no qual duas pessoas se unem para formar uma só carne, mas, modo diferente, também na procura dos bens materiais e do conhecimento há uma necessidade de unidade. Uma necessidade de anexar o maior número possível de "territórios estrangeiros".

Como realizar concretamente esta necessidade de unidade que está, mais ou menos latente, em toda criatura racional? É aqui que as estradas se dividem e emergem dois projetos de unidade: a unidade de Babel e a unidade de Pentecostes, isto é, a unidade segundo a carne e a unidade segundo o espírito. A unidade de Babel é quando cada um quer "fazer para si um nome", quando cada um se coloca no centro do mundo. Como somos muitos e somos diferentes, por esta estrada não se poderá criar senão "confusão", como acontecia ser interpretado com razão o próprio nome de Babel. As palavras, neste caso, não fazem outra coisa senão dividir, e se faz, também concretamente, a experiência dos homens de Babel, que não se entenderam mais e se separaram.

Todos nós queremos a unidade, todos a desejamos no mais profundo do coração, mas ela é tão difícil de se obter que, também nos casamentos mais bem constituídos, os momentos de verdadeira e total unidade — não somente da carne mas também do espírito — são muito raros e são, por isso mesmo, somente momentos. Por que isso? Em geral, é porque nós queremos, sim, que se faça a unidade, mas... conforme o nosso ponto de vista. Isso nos parece tão óbvio, tão razoável, que ficamos pasmados quando os outros não concordam conosco e insistem em *seu* ponto de vista. Traçamos até delicadamente aos outros a estrada para chegarem aonde estamos nós e se reunirem em nosso centro. O mal é que o outro que está na frente está fazendo exatamente a mesma coisa que eu estou fazendo com ele. Assim a unidade não faz senão se afastar.

Ao contrário, a unidade de Pentecostes, ou segundo o Espírito, é quando se coloca, ou melhor, se aceita Deus no centro. Somente quando todos tendem para este "Um", se aproximam e se encontram entre eles. Acontece como os raios de um círculo, os quais, um a um, se dirigem para o centro, se aproximam também entre eles, até se unirem e formarem um único ponto. Santo Tomás de Aquino chama de agregativo o amor de Deus e de desagregativo o amor próprio. Escreve ele: "O amor de Deus é agregativo enquanto reconduz o desejo humano da multiplicidade para uma única coisa; o amor de si mesmo, ao contrário, dispersa (*desagrega*) o desejo humano na multiplicidade das coisas. Realmente, o homem ama a si mesmo desejando para si os bens temporais que são muitos e diversos"[15]. O amor de Deus faz pois unidade não somente entre diversas pessoas, mas também em torno de uma mesma pessoa; uma unidade interna, não somente externa.

Passar de Babel para Pentecostes significa, para usar uma expressão de T. de Chardin, "descentralizar-se de nós mesmos e rescentralizar-se em Deus".

Os próprios apóstolos são a melhor demonstração de tudo quanto vimos dizendo. Antes de Pentecostes, quando cada um estava em busca de sua afirmação ou supremacia

---

[15] TOMÁS DE AQUINO, *Suma Teológica*, II, IIae, q. 73, a. 1, ad 3.

pessoal e em toda ocasião discutiam "quem dentre eles fosse o maior", não reinavam entre eles senão mau humor e contendas (cf. Mc 9,34; 10,41). Depois de Pentecostes, quando a vinda do Espírito Santo deslocou completamente o eixo de seus pensamentos de si mesmos para Deus, eis então que os vemos formar entre eles e com os outros discípulos "um só coração e uma só alma" (At 4,32). A linguagem nova que eles aprenderam e que todos compreendem é a linguagem da humildade cristã.

É essa unidade do Espírito que deve sustentar e coroar todas as outras unidades também naturais do crente: a unidade no matrimônio, entre o homem e a mulher, a unidade fraterna na comunidade. É essa unidade que faz o salmista exclamar: "Como é bom, como é agradável viverem os irmãos em unidade!" (Sl 133,1).

No Espírito, isto é, no plano da graça, podemos finalmente realizar aquela necessi-dade de ser que está em nós, de qualquer modo, o todo, e não os fragmentos dispersos. Sim, no Espírito e graças ao Espírito, todo o universo é reunido num ponto só e eu estou nesse ponto, feliz de nadar no oceano infinito do todo que é Deus. Jesus tinha rezado justamente para isto: "Que sejam todos em nós uma só coisa" (cf. Jo 17,21), e agora, graças ao Espírito, esta oração se verificou. Todos podemos ser "uma só coisa". "Um só corpo, um só Espírito" (Ef 4,4): graças ao Espírito, nós formamos um só corpo; não estamos mais dispersos e fragmentados. "Somos membros uns dos outros" (Rm 12,5). Os outros não são mais abismos escuros que se abrem ao meu lado, mas são parte de mim e eu deles. "Somos um só corpo!" (1Cor 10,17), une-nos o próprio Espírito.

Eis como um Padre da Igreja descreve a unidade entre nós e com Deus operada pelo Espírito: "Nós todos, tendo recebido um único e mesmo Espírito Santo, somos de certo modo unidos, seja entre nós, seja com Deus. De fato, embora tomados separadamente sejamos muitos, e em cada um de nós Cristo faça habitar o Espírito do Pai e o seu, todavia o único indivisível é o Espírito. Ele com sua presença e sua ação reúne na unidade espíritos que entre eles são distintos e separados. Ele faz de todos, em si mesmo, uma única e mesma coisa"[16].

---

[16] CIRILO DE ALEXANDRIA, *Comentários em João*, XI, 11 (PG, 74, 560).

Não é verdade, pois, que os outros são o meu "inferno". São, em certo sentido, o meu paraíso, porque me permitem ser aquele que, sozinho, não poderei jamais ser, e menos ainda tornar-me o próprio Deus. Não temos mais necessidade de nos olharmos com inveja e circunspecção. Aquilo que eu não tenho e os outros ao invés têm é também meu. Você ouve o Apóstolo elencar todos aqueles maravilhosos carismas e talvez se entristeça pensando não ter nenhum. Mas preste atenção. Admoesta-o Santo Agostinho: "Se você ama, aquilo que possui não é pouco. Se de fato você ama a unidade, tudo aquilo que nela é possuído por alguém, o possui você também. Afaste a inveja e será seu aquilo que é meu, e se eu afasto a inveja, é meu aquilo que você também possui"[17].

O Santo deduz isto justamente pelo fato de sermos um só corpo. Somente o olho no corpo tem a faculdade de ver. Mas será que o olho vê somente para si mesmo? Não seria todo o corpo que se beneficia pela sua capacidade de ver? Somente a mão se move,

---

[17] AGOSTINHO, *Tratado sobre o evangelho de João*, 32, 8 (PL 35, 1646).

mas será que ela se move somente para si mesma? Se uma pedra está para ferir o olho, será que a mão fica tranquila e inerte, dizendo que o golpe não a atingirá diretamente? A mesma coisa acontece no corpo de Cristo: aquilo que cada membro é e faz, o é e o faz para todos!

O mesmo sinal das línguas em Pentecostes recorda-nos esse formidável segredo. Também aqui, alguém poderia perguntar: Por que eu recebi o Espírito Santo e não falo nenhuma língua, como ao invés falaram os apóstolos? Mas você também fala todas as línguas, como os apóstolos. Você faz parte do único corpo de Cristo? Você ama a unidade da Igreja? Então você fala todas as línguas, porque você faz parte daquele corpo que fala todas as línguas e em todas as línguas anuncia "as grandes obras de Deus". "Então, um único crente falava em todas as línguas; agora o conjunto de crentes fala em todas as línguas. Por isso também agora todas as línguas são nossas, porque somos membros do corpo que as fala... Como então as diversas línguas que um único homem podia falar eram o sinal da presença do Espírito Santo, assim agora o amor pela unidade de todos os povos é o sinal de sua presença[18]." Não é ainda hoje o falar em línguas, a glossolalia, o sinal mais certo da presença operante do Espírito pentecostal numa comunidade cristã, mas é o amor pela unidade, que é a caridade (cf. 1Cor 12,31).

4. Quem eram os construtores de Babel

Hoje, temos talvez a possibilidade de descobrir, na aproximação entre Babel e Pentecostes, qualquer coisa de novo com respeito àquilo que divisaram os Padres da Igreja. Isso depende do fato que a leitura "espiritual" da Bíblia cresce e enriquece com o progredir dos conhecimentos históricos que temos com respeito à Bíblia. O "Espírito" cresce com o crescer da "leitura" porque se fundamenta sobre ela.

Sabemos hoje qualquer coisa mais precisa em torno da natureza do empreendimento narrado em Gênesis 11, com respeito àquilo que não poderiam saber os Padres, e isso permite colher uma nova profundidade

---

[18] Agostinho, *Tratados*, 269, 1.2 (PL 38, 1235s.).

na aproximação feita por Lucas. Qual era a natureza do empreendimento de Babel e quais eram os seus construtores segundo os Padres? Para eles tratava-se de uma construção elevada "contra o Senhor", em sinal de provocação e de orgulho arrogante. Seus construtores eram os "gigantes", uma espécie de correspondentes bíblicos do mito grego dos Titãs que desafiavam os céus. "Como depois do dilúvio — escreve Santo Agostinho — os soberbos e ímpios homens edificaram uma torre elevada contra o Senhor, através da qual o gênero humano mereceu ser dividido em diversas raízes linguísticas, de forma que cada povo falava a própria língua sem ser compreendido pelos outros, assim a humilde piedade dos fiéis trouxe para a unidade da Igreja a diversidade daquelas línguas[19]."

Nessa luz, o contraste Pentecostes-Babel coincide com aquilo entre crentes e não crentes, entre cidade de Deus e cidade de Satanás. A palavra de Deus golpeia os ateus, os blasfemadores, aqueles que se rebelam soberbamente contra Deus.

---

[19] AGOSTINHO, *Tratados*, 271, 1 (PL 38, 1245s.).

Tudo isso é verdadeiro, mas existe outra coisa ainda. Sabemos hoje em dia com relativa certeza, graças ao progresso dos conhecimentos históricos e arqueológicos, que o projeto de construir uma torre que se elevasse até aos céus não era um projeto "contra" Deus, mas ao contrário "para" Deus. De fato a intenção deles era construir uma daquelas torres com mais terraços (*zikkurat*), das quais foram encontrados diversos restos na Mesopotâmia, que devia servir como "um gigantesco edifício de culto"[20]. Quanto mais o edifício fosse alto, mais se pensava terem assegurados os benefícios da divindade.

Onde estaria, então, o pecado de Babel e por que Deus confundiu-lhes a língua? A resposta está contida na própria narrativa bíblica: aqueles homens juntaram-se para a empresa, dizendo: "Vinde,... façamos para nós um nome!" (Gn 11,4). Não eram levados por genuína piedade e reverência para com a divindade, mas de uma forte vontade de autoafirmação; não pela procura da glória de Deus, mas da própria glória e poder. Deus era, de certo modo, instrumentalizado. Construir

---

[20] Cf. G. Von Rad, *Genesi*, Brescia, 1978, p. 191.

uma torre ou um templo de insólitas proporções significava proclamar o próprio poder e poder dialogar com a divindade, por assim dizer, numa posição de igualdade, dizendo-lhe tacitamente: "Vê que coisa somos capazes de fazer para ti? E tu, que coisa farás agora para nós?" Babel é um episódio da eterna tentativa do homem de se tornar credor de Deus.

Se for assim, o pecado dos homens de Babel não é tanto o pecado dos ateus, mas dos piedosos e dos religiosos, daqueles que conhecem a Deus, mas não lhe rendem glória e graças como a Deus convém. O pecado punido por Deus em Gênesis 11 é do mesmo tipo daquele denunciado por Paulo ao longo de sua Carta aos romanos: o pecado de querer salvar-se com as próprias forças, de chegar até Deus com as próprias obras, de "conquistar" Deus, fazendo das coisas feitas por Deus — observância das leis, atos de culto e justiça — uma ocasião de glória.

A religiosidade natural do homem, aquela que ele cria para si mesmo, seguindo seu próprio sentimento, tende sempre a construir uma espécie de alta pirâmide — feita, conforme os casos, de esforços intelectuais e especulativos ou de obras ascéticas —, ao vértice da qual se julga chegar a fazer Deus dialogar com ele. Mas a Bíblia revelou-nos coisa bem diferente. Deus, encarnando-se, destruiu a pirâmide, abaixou-se, colocou-se ele mesmo na base e eleva a nós todos com a sua graça. A salvação está em aceitar a gratuidade inicial, fundamental da salvação. O caminho para andar para cima é aqui na verdade o caminho de andar para baixo, como dizia o filósofo Heráclito. É a humildade. "Não com o poder, não com a força, mas com o meu Espírito, diz o Senhor dos exércitos" (Zc 4,6).

Compreende-se assim em que consiste a reviravolta que se opera no Pentecostes, com a vinda do Espírito Santo. No coração dos apóstolos Deus tomou o lugar do eu, destruiu a glória de suas obras e de seus projetos e os impulsionou a se gloriarem unicamente dele e não de si mesmos. Percebeu muito bem isto Santo Agostinho quando diz que Babel é a cidade construída sobre o amor de si mesmo, enquanto que Jerusalém, isto é, a Igreja, ou a cidade de Deus, é a cidade construída sobre o amor de Deus[21]. O mistério da

---

[21] Cf. AGOSTINHO, *A cidade de Deus*, XIV, 28 (PL 42, 436).

impiedade é revirado, a verdade não é mais tida "prisioneira da injustiça" (Rm 1,21s.); o homem não se coloca mais no lugar de Deus, nem se limita a conhecer a Deus, mas lhe rende também glória e graças como convém a Deus.

A surpresa maior aconteceu comigo, quando, forçado a refletir sobre quem poderiam ter sido os construtores de Babel, descobri de repente e com grande evidência que um deles, pasmem, era eu. A arqueologia bíblica não contava mais, bastava um simples exame de consciência. Não precisava mais cavar no meio das ruínas da Mesopotâmia para descobrir os restos da torre de Babel. Bastava escavar dentro de mim. Se quisermos de fato dar o último passo, aquele decisivo rumo à "verdade", devemos reconhecer humildemente que o empreendimento de Babel está ainda em ato, e que nós todos estamos, uns mais outros menos, envolvidos. A passagem de Babel para Pentecostes, acontecida historicamente uma vez para sempre, e narrada em Atos 2, deve se realizar, espiritualmente, todo dia, em nossa vida. É preciso passar continuamente de Babel para Pentecostes, como é preciso passar continuamente do homem velho para o homem novo.

Se o significado de Babel fosse somente aquele colocado à luz, em seu tempo, pelos Padres, isso julgaria, hoje em dia, somente os não crentes, os ateus, ou os propugnadores de uma civilização radicalmente secular e titânica. Compreendida, porém, deste outro modo, a oposição entre Babel e Pentecostes atinge também a nós, também os homens piedosos e religiosos, e de certo modo, principalmente, estes. A quem me assemelho ao construir minha família, minha comunidade, minha Igreja; a que se assemelha a minha atividade de membro de um conselho pastoral, de sacerdotes, de homem de cultura, de escritor ou de simples cristão: à dos construtores de Babel, ou à dos homens de Pentecostes? É fácil, no fundo, descobrir. Basta responder à pergunta: para quem eu faço? Qual é o fim último, secreto, do meu agir? Para quem procuro fazer um nome: para mim mesmo ou para Deus?

Numa visão de Pastor de Hermas, a Igreja é comparada a uma torre... "Ela vem sendo construída sobre as águas porque é elevada com a palavra do nome onipotente e glorioso e é erguida reta pelo poder invisível e infinito"[22]. É a própria Escritura que compara a Igreja a uma construção, a um edifício (cf. Ef 2,21-22; 1Pd 2,5). Para a construção dessa torre, destinada realmente a chegar "até o céu", pode-se trabalhar de dois modos e com duas atitudes muito diferentes: ou com o espírito de Babel ou com o de Pentecostes. A oposição entre os dois empreendimentos está pois realmente em ato. É preciso converter-se continuamente, passando da primeira para a segunda. Estão aí somente dois grandes canteiros de construção abertos na história; cabe a nós escolher em qual dos dois vamos trabalhar. As duas narrações, a do Gênesis 11 e a dos Atos 2, dizem-nos também qual é o diferente resultado dos dois empreendimentos: de uma parte a confusão e a dispersão; de outra parte a admirável harmonia dos corações e das vozes; de uma parte a rivalidade, de outra, a unidade.

Paulo recomenda "conservar a unidade do Espírito, mediante o vínculo da paz" (Ef 4,3). A unidade do Espírito está continua-

---

[22] HERMA, PASTOR, Vis. III. 10, 4s.

mente recriando e renovando, porque continuamente está insidiada pelas forças "desagregadoras" do egoísmo e da ação daquele que a Escritura denomina "diabo", *diábolos,* isto é, aquele que divide. Como a unidade é a prerrogativa do Espírito de Deus, assim a divisão é a característica do espírito satânico. Devemos aprender o exemplo daquilo que faz a aranha com sua teia. Observando uma bela teia ao ar livre, sobre uma cerca viva, vê-se com que presteza a aranha corre para refazer e reparar cada fio da sua teia logo que, por qualquer motivo, foi danificada, de modo que ela permaneça sempre bem tecida e íntegra em toda a sua extensão.

E como fazer para renovar a unidade toda vez que ela é ameaçada? Paulo revela-nos o segredo: "mediante o vínculo da paz". Restabelecendo a paz, fazendo a paz. Jesus sobre a cruz restabeleceu a unidade — unidade entre judeus e gentios, entre Deus e o mundo — fazendo a paz, e fez a paz destruindo em si mesmo a inimizade. Não destruindo o inimigo, mas destruindo a inimizade, o que é uma coisa bem diferente. Está escrito: "Ele de fato é a nossa paz, ele que fez de dois povos um só povo, por meio de sua carne crucificada. Fez cair o muro que os separava, abolindo a Lei com seus preceitos e prescrições. Queria criar nele mesmo de dois um só Homem novo, fazendo a paz. Reunindo uns e outros num só corpo. Ele queria reconciliá-los com Deus pela cruz, em sua pessoa. Ele destruiu o ódio... Por meio dele nós podemos apresentar, de fato, uns e outros, ao Pai, num só Espírito" (Ef 2,14-18).

Vem-me à mente um episódio da vida de São Francisco de Assis. Apenas recebido do Crucifixo o convite: "Vai, Francisco, repara a minha casa", ele se pôs a girar pelas ruas de Assis, pedindo pedras para reparar a igrejinha de São Damião e dizia: "Quem me dá uma pedra terá uma recompensa; quem me dá duas pedras terá duas recompensas..."[23]. Temos todas as pedras conosco. Com elas podemos fazer dois usos diferentes e contrapostos: atirá-las contra os irmãos em forma de juízo, de reprovações, de condenações e de excomungações, como estavam prontos a fazer os fariseus, com a mulher do Evangelho pilhada

---

[23] *Legenda dos três companheiros*, 2 (FF 1420).

em adultério (cf. Jo 8,3ss.), ou usá-las para construir com elas a unidade; ou para destruir o inimigo, ou para destruir a inimizade. É o próprio Jesus por isso que agora nos dirige aquele convite: "Quem me dá uma pedra terá uma recompensa; quem me dá duas pedras terá duas recompensas; quem me dá todas as pedras terá todas as recompensas!"

2

Receberão a força do Espírito Santo

O Pentecostes lucano e o Espírito de profecia

Tudo aquilo que Lucas narrou mais atrás — a vinda do Espírito sob a forma de línguas de fogo, a presença em Jerusalém de judeus piedosos de todas as nações, o estupor dos presentes — devia servir para preparar o discurso de Pedro como segue. À pergunta de todos: "Que significa isto?", Pedro toma realmente a palavra e começa a falar "em voz alta" (cf. At 2,12). Esta sucessão dos fatos espelha a visão que Lucas tem do Espírito Santo e da sua função nos confrontos da Igreja. Os outros dois Sinópticos, Mateus e Marcos, atendo-se de perto à pneumatologia tradicional, apresentam o Espírito Santo como a "força divina" que torna os homens — e agora também Jesus de Nazaré — capazes de realizar ações prodigiosas, superiores às normais possibilidades humanas, como expulsar demônios, combater e vencer o próprio satanás (cf. Mt 4,1; 12,28). É a concepção do Espírito de cunho carismático, herança do Antigo Testamento.

A novidade em Lucas é que, entre as várias ações prodigiosas e sobrenaturais do Espírito, ele privilegia uma de modo claríssimo: a profecia. O Espírito é Espírito de profecia; é a força que permite falar em nome de Deus e com a autoridade de Deus. Na vida de Jesus isso aparece claro desde o começo. No batismo no rio Jordão, o Espírito desceu sobre Jesus de Nazaré e o consagrou "com a unção", sobretudo para uma coisa: "para que leve a Boa Nova aos pobres", isto é, para evangelizar (cf. Lc 4,14.18).

Aquilo que aconteceu com Jesus, no início de sua atividade messiânica, repete-se agora através da Igreja, no início de sua missão. O Pentecostes está para os Atos, como o batismo de Jesus está para os Evangelhos. O batismo foi o Pentecostes de Jesus, o Pentecostes foi o batismo da Igreja.

Também na sequência do livro dos Atos, Lucas ilustra esta ideia, ou seja, que o Espírito é o dom do Ressuscitado para a Igreja, para que esta seja capaz de levar a Boa Nova ao mundo (cf. At 4,31). O Espírito está em função do anúncio da Palavra. Assim ele é apresentado, já nos Atos 1,8: "E recebereis uma força, o Espírito Santo que virá sobre vós; e sereis minhas testemunhas em Jerusalém, em toda a Judeia e Samaria, até os confins da terra". Também a longa citação do profeta Joel serve para lançar luzes que o Espírito Santo, descido sobre a Igreja, é Espírito de profecia. Uma profecia que agora, diferentemente dos tempos precedentes, vem sendo doada a todos os membros do novo povo: jovens, anciãos, filhos e filhas, servos e servas.

Entenderemos melhor a peculiaridade dessa visão de Lucas quando tivermos meios de confrontá-la com a de João e de Paulo, na qual o Espírito Santo não aparece tanto como uma força e um subsídio dado para a missão da Igreja, porém, como um princípio interior que muda o coração e suscita a própria existência da Igreja.

1. O Espírito da Palavra

O Espírito Santo é pois, para Lucas, antes de tudo, o Espírito de Profecia. É a força que assegura o percurso da Palavra de Jerusalém até aos confins da terra. Daqui partimos para uma atualização da narrativa de Pentecostes.

Necessitamos do Espírito de profecia para levar, ou conduzir, os homens a Deus, através do anúncio do Evangelho. João, no Apocalipse, diz numa frase lapidar: "O testemunho de Jesus é o espírito de profecia" (Ap 19,10). E este exige o: "Recebereis a força do Espírito Santo e sereis minhas testemunhas", dos Atos 1,8. Não se pode anunciar eficazmente Jesus senão com a força do Espírito. Os apóstolos são "aqueles que pregaram o Evangelho no Espírito Santo" (1Pd 1,12). Entre anunciar simplesmente o Cristo "na doutrina" e anunciá-lo "no Espírito Santo" há a mesma diferença que entre o anunciar a Palavra "ab externo", estando fora de sua esfera de ação, do seu domínio e da sua "conquista", livres e neutros frente a ela, e anunciá-la estando "dentro" da Palavra, sob a sua conquista misteriosa, movidos por ela, em vital contato com ela, atingindo por ela a força e a autoridade. No primeiro caso tem-se uma transmissão de doutrina, no segundo uma transmissão de existência, de vida.

Pedro chama isso um falar "com palavras de Deus": "Se alguém fala, fale como se fossem palavras de Deus" (1Pd 4,11). Neste caso realiza-se qualquer coisa que reclama aquilo que acontece no momento em que a Palavra foi posta pela primeira vez por escrito, isto é, na inspiração bíblica. "Movidos pelo Espírito Santo, falaram aqueles homens da parte de Deus" (2Pd 1,21). O dia de Pentecostes aconteceu justamente assim. Movidos pelo Espírito Santo, falaram aqueles homens por parte de Deus. E sabemos o que aconteceu: três mil pessoas sentiram o coração compungido e se converteram para a fé.

É preciso, repito, esse modo profético de anunciar o Evangelho; doutro modo permaneceremos, não obstante tudo isso, sobre o mesmo plano do mundo. Distinguir-se-á de todo outro anúncio o conteúdo da mensagem — e será já uma coisa fundamental —, mas não a força, ou o princípio que anima a mensagem. "Não é a minha palavra um martelo que quebra a rocha?", diz Deus (Jr 23,29). Certamente que o é, mas "a sua" palavra, a de Deus! A "sua palavra" não revela somente que se trata da palavra "que fala de Deus"; mas também de palavra de "Deus que fala"; palavra que tem Deus por sujeito, não só por objeto.

A Bíblia fala de uma palavra "que sai da boca de Deus" (Dt 8,3; Mt 4,4). Diz que "o homem vive de toda palavra que sai da boca de Deus". Qual é a palavra da qual se pode dizer que sai da boca de Deus? Que é "palavra viva e eficaz" (Hb 4,12)? É aquela que não é separada de Deus, contida nos livros, cultivada pelos homens e proclamada sob a autoridade deles e que jamais perdeu o contato com sua fonte. Água viva é aquela que é tirada diretamente da nascente, não engarrafada e transportada... E o que pode assegurar esse contato. O que decide se uma palavra, um discurso é palavra "viva" de Deus, ou não. É, justamente, o Espírito Santo, que é o "sopro" de Deus.

Partamos da experiência humana. De qual palavra posso dizer que é minha "viva" palavra? Certamente, de nenhuma outra senão daquela pronunciada por mim "à viva voz". Aquela que sai de minha própria boca, pronunciada, articulada e tornada sonora através do meu sopro; que é expelida através do ar, até aos ouvidos de quem me escuta, através do meu sopro. E qual é a "viva Palavra" de Deus? Aquela que é levada, expelida, tornada sonora, eficiente, pelo sopro de Deus que é o Espírito Santo! Este é o significado primordial da expressão "Espírito de Deus", especialmente nos profetas: o sopro vital de Deus que anima e torna eficaz a sua palavra. O "Espírito de Deus" implica a aproximação com a palavra de Deus: Deus cria com o Espírito o sopro de sua boca: "Pela 'palavra' do Senhor foram criados os céus, pelo 'sopro' da sua boca, todos os seus exércitos" (Sl 33, 6)[1]. Essa íntima ligação entre palavra de Deus e sopro de Deus é testemunhada por Isaías também a respeito do Messias: "A sua palavra será uma vara que açoitará o violento; com o sopro de sua boca matará o ímpio" (Is 11,4).

No Novo Testamento essa ligação entre o sopro divino e a palavra desemboca no mistério do mútuo relacionamento, ou da pericorese que existe entre a Palavra em pessoa e o Espírito Santo, isto é, entre o Filho e o Espírito. "Ele — diz Jesus, falando do Espírito Santo — não falará de si mesmo..., receberá do que é meu e vos anunciará" (Jo 16,13-14). "Receberá do que é meu": Que é que Jesus tem, o que é "seu", certamente a Palavra. O Espírito Santo receberá, pois, a palavra de Cristo e a anunciará. "Não falará

---

[1] Cf. F. Baumgartel, ThWNT, VI, p. 364.

de si", não acrescentará suas palavras, palavras novas, porque tudo o que o Pai tinha para dizer disse-o através de seu Verbo e não existe mais palavra de Deus depois dele e fora dele. Tomará do meu "e vo-lo anunciará". Quando eu falo, o sopro que está em mim tira, por assim dizer, do meu coração e da minha mente a ideia ou a palavra íntima que aí se formou, ou que aí está se formando e a leva para quem está me escutando. A mesma coisa faz o Espírito Santo com a Palavra que se formou no seio do Pai e que é Jesus.

Pode o meu sopro animar a sua palavra, ou o seu sopro animar a minha palavra? Não, a minha palavra não pode ser animada senão pelo meu sopro e a sua palavra senão pelo seu sopro. Assim, de modo análogo, a Palavra de Deus não pode ser animada senão pelo sopro de Deus, que é o Espírito Santo! Esta é uma verdade simplicíssima e quase óbvia, mas de imensa importância. É a lei fundamental de qualquer anúncio e de toda evangelização.

Entre dois sopros, ou espíritos — o nosso e o de Deus —, há uma diferença metafísica infinita, que justamente a revelação bíblica trouxe à luz. O conceito de *espírito,* entendido como oposto à *matéria*, como pertencendo à dimensão da eternidade e como o "totalmente outro", tão essencial para toda a nossa civilização, é um produto do cristianismo. Antes do cristianismo, e particularmente para os Estoicos, entre os dois sopros — o do humano e o do divino — havia somente uma diferença de grau. Também o Espírito era feito, segundo eles, de matéria: uma matéria "mais refinada", mas sempre matéria. "Também o Espírito é um corpo", lê-se nas fontes estoicas[2]. Não obstante essa lacuna, também os filósofos estoicos tinham intuído a ligação vital que existe entre o sopro e a palavra, entre o *Pneuma* e o *Logos*. O "sopro quente" do *Pneuma* era, também para eles, uma espécie de suporte ou de veículo da Palavra[3].

Compreende-se agora o porquê profundo do fato de que não se pode anunciar o Evangelho senão "no Espírito Santo". O Espírito Santo aparece-nos como aquele que "dá a voz à palavra", como aquele que "põe na boca a palavra" (*sermone ditans guttura*), como canta o *Veni Creator*. Esta é a particular mensagem de Lucas, o seu contributo mais

---

[2] Cf. *Stoicorum Veterum Fragmenta*, ed. J. von Arnim, I, 137; II, 1035.
[3] Cf. *ibid.*, II, 310.416.

específico para a grande revelação sobre o Espírito Santo. O Espírito Santo, recebido no rio Jordão, é aquele que confere força à pregação de Jesus. Quando ele fala, "acontecem sempre coisas": os cegos veem, os coxos andam, o mar aplaca-se, os demônios fogem. Lendo a narrativa do homem possuído por um espírito imundo, que não resiste à aparição de Jesus na Sinagoga de Cafarnaum e se põe a gritar: "Vieste para nos perder!" (Lc 4,34), parece-nos assistir à realização da profecia de Isaías recordada mais atrás: "A sua palavra será uma vara que açoitará o violento; com o sopro de seus lábios matará o ímpio" (Is 11,4). A palavra de Deus é eficaz e enérgica (*energès*) (cf. Hb 4,12; 1Ts 2,13), porque nela age o Espírito de Deus que é energia divina, "poder do alto".

Lucas, nos Atos dos Apóstolos, mostrou através dos paradigmas, descreveu como foi iniciada a Igreja, porque em seus inícios são compendiadas e manifestadas suas leis, o seu dia a dia, a sua natureza perene. Os apóstolos perguntam a Jesus ressuscitado: "É agora que vais restabelecer a realeza em Israel?" Jesus respondeu-lhes: "Receberão a força do Espírito Santo, que descerá sobre vocês para serem minhas testemunhas" (At 1,6-8).

Como se dissesse: "Eis como vem o Reino de Deus: o Espírito Santo vem sobre vocês, torna-os capazes de dar testemunho de mim e isto é o reino de Deus que chega". A mesma coisa Jesus diz no Evangelho de João: "Ele (o Espírito da verdade) dará testemunho de mim. E vocês também darão testemunho" (Jo 15,26-27). Pedro expressa-se do mesmo modo diante do Sinédrio: "E disso nós somos testemunhas, nós e o Espírito Santo" (At 5,32).

No início do Novo Testamento havia no mundo uma infinidade de cultos e religiões, tanto tradicionais como mistéricos, havia as filosofias religiosas, os pregadores itinerantes de Ísis e de outras divindades. Como o cristianismo fez ouvir a sua voz acima de toda essa balbúrdia e que fez para atrair tanta gente com prospectivas assim tão pouco atraentes, como aquelas da cruz e da perseguição? A resposta é: o Espírito Santo!

É sabido por todos que a Igreja, antes que uma teologia do Espírito Santo, teve uma experiência do Espírito Santo, ligada à liturgia batismal, ao culto, ao martírio. Foi a experiência do Espírito a guiar a Igreja para a teologia do Espírito Santo e finalmente para a definição da sua divindade. Como pode o Espírito Santo não ser Deus, se nos santifica e nos une a Deus? Foi esse um dos principais argumentos com os quais os Padres chegaram à definição da divindade do Espírito Santo, no Concílio Ecumênico de Constantinopla em 381[4]. Este contém indicações precisas também para nós. Raramente se chega à experiência pela teologia; à experiência do Espírito Santo pelo estudo do Espírito Santo. Corre-se o risco de querer inverter a exposição, a respeito daquilo que aconteceu no início: de partir da ideia do Espírito Santo e jamais chegar à realidade do Espírito. Risco de reduzir também o Espírito Santo à ideologia. Jamais se falou tanto do Espírito Santo como nos tempos do idealismo hegeliano: Espírito absoluto, Espírito universal, Espírito por si, fora de si, em si... Mas hoje damo-nos conta, pelas consequências, que jamais o verdadeiro Espírito esteve tão distante e esquecido na cristandade ocidental como naquele período.

2. O ofício da pregação

À luz daquilo que temos dito, acredito que possamos tirar dois ensinamentos fundamen-

---

[4] Cf. GREGÓRIO NAZIANZENO, *Tratados,* 31, 28 (PG 36, 165).

tais pela leitura da narrativa de Pentecostes feita por Lucas. O primeiro ensinamento é que a atividade primária da Igreja é o anúncio de Cristo morto e ressuscitado. "Vocês o crucificaram, Deus o ressuscitou dos mortos" (At 2,23s.). Quando uma criança vem à luz, um grito ou um choro indica que ela está viva e que respira. Do mesmo modo, a Igreja faz o seu ingresso no mundo, no dia de Pentecostes, emitindo um grito que a faz reconhecida como Igreja viva. Esse grito é o *Kérigma* pronunciado por Pedro, em nome de todos os apóstolos: "Portanto, que toda a casa de Israel fique sabendo com absoluta certeza que Deus estabeleceu como Senhor e Messias a esse Jesus que vocês crucificaram!" (At 2,36). É como se Pedro dissesse: "Saiba com certeza todo o mundo..." Há uma extraordinária força e autoridade nas suas palavras que não procedem certamente dele, que pouco antes tinha tido medo de se defrontar com uma simples criada.

Este fato — isto é, que a Igreja existe antes de tudo pelo anúncio — está bem claro a todos e vem sendo inculcado em todos os mais importantes documentos recentes do Magistério: no decreto sobre a atividade missionária (*Ad gentes*) do Concílio Vaticano II, na encíclica *Evangelii nuntiandi* de Paulo VI, na exortação apostólica sobre os leigos *Christifideles laici*. Não há nada mais a se acrescentar a esta riquíssima colheita de textos. Quisera somente propor algumas reflexões que nascem do fato de me achar empenhado diretamente neste campo do anúncio da Palavra, para ver as coisas, por assim dizer, sobre o campo aberto.

Para onde vão as forças mais vivas e mais válidas da Igreja? O que representa o ofício de pregador entre todas as possíveis atividades e destinações dos jovens padres? Parece-me divisar um grave inconveniente: que para a pregação se dedicam somente os elementos que sobram depois da escolha para os estudos acadêmicos, para o governo, para a diplomacia, para a formação dos jovens. O que representa o ofício da pregação na vida dos próprios pastores? São Gregório Magno escreveu: "Há pessoas que escutariam a boa palavra, mas faltam os pregadores. O mundo está cheio de sacerdotes, mas raramente se encontra quem trabalhe na vinha do Senhor; nós assumimos o ofício sacerdotal, mas não executamos as obras que o ofício comporta... Estamos engolfados nos afazeres terrenos e diferentemente com aquilo que assumimos no ofício sacerdotal, e diferentemente é aquilo que mostramos com os fatos. Abandonamos o ministério da pregação e somos chamados bispos, mas talvez mais para nossa condenação, uma vez que possuímos o título honorífico e não a qualidade"[5]. Pode ser que São Gregório aluda a qualquer abuso particular de seu tempo que hoje em dia não exista mais; assim espero que seja. Mas as suas palavras não cessam por isso de fazer com que reflitamos.

Uma outra reflexão que eu gostaria de propor diz respeito à ligação que existe entre pregação, ou anúncio da Palavra, e a atividade teológica na Igreja. Impressionou-me ler as afirmações de dois conhecidos teólogos contemporâneos: H. de Lubac escreveu: "O 'ministerium praedicationis' (o ministério da pregação), não é a vulgarização de um ensinamento doutrinal na forma mais abstrata que seria para isso anterior e superior. É, ao contrário, o próprio ensinamento doutrinal, na sua forma mais alta. Isto era verdadeiro pela primeira pregação cristã, a dos apóstolos, e é verdadeiro igualmente pela pregação

---

[5] Gregório Magno, *Homilias sobre os Evangelhos*, XVII, 3 (PL 76, 1139s.).

daqueles que sucederam na Igreja: os Padres, os Doutores e os nossos Pastores na hora presente[6]. H. U. von Balthasar, por sua vez, fala da "missão pela pregação na Igreja, a qual é subordinada à própria missão teológica"[7]. Essas afirmações me surpreenderam porque parece que a exposição de fato existente entre estas duas atividades, ao menos na opinião da maioria do povo e dos próprios sacerdotes, seja justamente aquele oposto, segundo o qual a pregação não seria outra coisa que a vulgarização de um ensinamento mais técnico e abstrato daquilo que lhe é anterior e superior: a teologia.

São Paulo, o modelo de todos os pregadores, "o pregador da verdade" por excelência, certamente punha a pregação antes de qualquer coisa e tudo subordinava a ela. Fazia teologia pregando e não uma teologia da qual tirar depois as coisas mais elementares para transmitir aos simples fiéis na pregação. "Cristo — dizia — não me mandou batizar mas pregar o Evangelho" (1Cor 1,17): reputava pregar o Evangelho mais importante

---

[6] H. DE LUBAC, *Exégèse médièvale*, I, 2, Paris 1959, p. 670.
[7] H. U. VON BALTHASAR, *La preghiera contemplativa*, citada aí por De Lubac.

e necessário até mesmo do que batizar. "Ai de mim — dizia ainda —, se não pregar o Evangelho" (1Cor 9,16).

Colocada em jogo está de fato a própria conversão dos homens e sua vinda para a fé. A fé depende do anúncio: *fides ex auditu* (Rm 10,17). A Palavra é o "lugar" do encontro decisivo entre Deus e o homem. A Liturgia é um elemento essencial na vida da Igreja, mas vem depois. Uma bela liturgia pode edificar, fazer crescer aqueles que já têm fé, mas dificilmente é o momento em que um não crente (supondo que aí participe) "sente seu coração comovido", como aconteceu ao invés com aqueles que ouviram Pedro falar no dia de Pentecostes (cf. At 2,37).

Por que o fenômeno alarmante da passagem de católicos para outras igrejas ou até para seitas cristãs "fundamentalistas"? Talvez essas pessoas nem saibam o que seja o fundamentalismo, ou amem de um modo particular o fundamentalismo? Por que motivo então seriam atraídas? São atraídas por alguma palavra "fundamental", simples, que as põe em contato antes de tudo com a pessoa de Jesus. Certamente, é um erro, porque elas abandonam a Igreja "católica", onde está a plenitude da fé e dos meios da salvação, por outras Igrejas, ou grupos, que as levam para a primeira ou para a segunda conversão, mas que nem sempre podem levá-las à perfeição da vida cristã e àquilo que chamamos normalmente santidade.

Mas o problema das seitas e do abandono da Igreja católica não se resolve pondo-se em guarda ou, pior ainda, interrompendo todo diálogo ecumênico com elas. Tampouco se pode prevenir uma tal passagem, instruindo essas pessoas, no momento em que elas vivem já, no mais das vezes, longe da Igreja e sem mais um real contato com ela. É preciso propor na Igreja católica, de modo católico, enriquecido pela imensa reserva de experiência e de doutrina da Tradição, um anúncio que tenha a mesma força e essência daquele que encontramos outrora, mas com mais garantia de autenticidade e de ser completo, que somente a grande Tradição da Igreja pode dar. Um anúncio que, como o de Jesus, não comece pelos deveres e pelos mandamentos, mas pelo dom de Deus, pela graça; não por aquilo que o homem deve fazer, mas por aquilo que Deus fez por ele. Pedro não começou a falar dizendo logo: "Arrependei-vos e fazei-vos batizar!" Não, primeiro anunciou Cristo crucificado e ressuscitado e constituído Senhor, depois, quando os corações estavam abertos e prontos a recebê-lo, lançou um apelo ao arrependimento e à mudança de vida.

É necessário uma mudança de mentalidade com respeito ao anúncio, uma nova coragem, um espírito pentecostal. Um sinal encorajador dessa mudança de mentalidade é o apelo dirigido aos leigos, num recente documento do Magistério, que se inspira na palavra de Cristo: "Vão vocês também trabalhar na minha vinha" (Mt 20,4). Um capítulo desta carta está intitulado: "Chegou a hora de empreender uma nova evangelização". Nele se lê: "A Igreja deve dar hoje um grande passo avante na sua evangelização", deve entrar numa nova etapa histórica do seu dinamismo missionário. Num mundo que, com o encurtar das distâncias, se torna cada vez menor, as comunidades eclesiais devem unir-se entre si, trocando energias e meios, empenhando-se juntas na única missão comum de anunciar e viver o Evangelho"[8]. É para essa missão que "também em nossos dias não falta o florescimento dos diversos carismas entre os fiéis leigos, homens e mulheres"[9]. Temos aqui um

---

[8] *Christifideles laici*, 34-35.
[9] Ibidem, n. 24.

eco das palavras de Pedro no dia de Pentecostes, quando aplica à Igreja a profecia de Joel: "Infundirei o meu Espírito sobre toda pessoa; e vossos filhos e vossas filhas profetizarão,... também sobre meus servos e minhas servas naqueles dias infundirei o meu Espírito e eles profetizarão" (At 2,17-18).

3. Pregar o Evangelho no Espírito Santo

O segundo ensinamento que vem da narração lucana sobre Pentecostes surge daquilo que já foi dito. Não basta renovar os conteúdos, as formas, os estilos da evangelização, ou envolver nela também os leigos. Decisivo é se o anúncio foi feito "no poder do Espírito Santo", ou sem ele. "A minha palavra e a minha mensagem — escreve Paulo — nada tinham dos discursos convincentes da sabedoria; eram uma demonstração do Espírito e da força de Deus. Assim a fé que vocês receberam não se baseia na sabedoria dos homens, mas no poder de Deus" (1Cor 2,4-5). A Primeira Carta de Pedro define os apóstolos: "aqueles que anunciaram o Evangelho no Espírito Santo" (1Pd 1,12). O Evangelho é o conteúdo do anúncio, o Espírito Santo é o método, isto é, o caminho ou o modo, o princípio operativo. O Papa Paulo VI o define como 'o agente principal' da evangelização"[10].

Se existe um falar profético, ou "no Espírito" é nele que se realiza a palavra de Jesus; "não serão vocês que estarão falando, mas é o Espírito do Pai que falará em vocês" (Mt 10,20). Lucas, na passagem paralela, acentua que este "Espírito do Pai será uma eloquência e uma sabedoria, às quais os adversários não poderão resistir nem contestar" (Lc 21,15). Os adversários, nesse caso, poderão matar o testemunho de Cristo, mas não contestá-lo, como se verifica no caso de Estêvão. Por que as palavras de Pedro no dia de Pentecostes tiveram tanta eficácia, senão porque nelas falava o Espírito de Deus? O que compunge o coração daquelas três mil pessoas e as convence do pecado, senão o Espírito Santo?

É preciso estar seguros, dispondo-se a anunciar a palavra de Deus, que o Espírito Santo esteja conosco e principalmente que nós estejamos com o Espírito. Como? O primeiro meio que os Atos dos Apóstolos nos

---

[10] PAULO VI, *Evangelii nuntiandi*, n. 75.

sugerem é a *oração*. O Espírito Santo vem sobre os apóstolos, enquanto eram "assíduos e unânimes na oração" e Jesus diz que o Pai celeste dá o Espírito Santo àqueles que o pedem" (Lc 11,13).

Um outro meio importante é a *obediência,* no sentido sobretudo de submissão e adesão à vontade de Deus. Deus dá o Espírito Santo "àqueles que se submetem a ele" (At 5,32). Deus dá o seu poder, a sua autoridade àqueles que aceitam até plenamente a sua vontade. O Espírito Santo não pode agir em alguém que está ainda apegado à sua vontade. Não é ouvido pelos homens senão quem "ouve" a Deus, isto é, obedece-lhe.

Um terceiro meio, enfim, é o *amor* àqueles para os quais se é enviado a anunciar o Evangelho. Deus fala por amor. O "sopro" de Deus é sopro de amor. Por que Deus fala para os homens? Porque deu para eles o seu Filho Jesus Cristo. Está escrito: "Deus amou tanto o mundo que lhe deu seu Filho unigênito" (Jo 3,16). O "anunciador" deve entrar nesta lei e nesta "economia" do amor. Deve amar os homens, os abandonados, os pecadores, para poder dar a eles a palavra de vida. Não se pode dar Jesus senão pelo amor, nunca através de censuras ou julgamentos, quase desabando o mundo contra o povo. Seria torcer o próprio sentido do Evangelho. Que contraste entre a atitude de Deus para com os habitantes de Nínive e a do pregador Jonas! Disse Deus a Jonas: "Sentes pena de um rícino que não te custou trabalho algum para fazê-lo crescer, que nasceu numa noite e numa noite feneceu, e então, não hei de compadecer-me da grande cidade de Nínive, onde há mais de cento e vinte mil pessoas, que não sabem discernir entre a sua mão direita e a sua mão esquerda, e um grande número de animais?" (Jn 4,10). Jonas fora pregar aos ninivitas, mas não amava os ninivitas, e Deus precisou cansar-se mais para convertê-lo, a ele, o pregador, do que para converter os habitantes de Nínive. É muito útil e salutar, antes de dirigir a palavra de Deus, ou expor aos outros a vontade de Deus, recolher-se e se perguntar: Mas eu amo estas pessoas como Deus as ama?

O amor é o "sopro quente", o fogo espiritual que conduz a palavra, e sabemos que o amor foi dado "por meio do Espírito Santo" (cf. Rm 5,5). Também e sobretudo neste sentido — isto é, enquanto é amor — o Espírito Santo é a força da Palavra, o segredo do anúncio.

Nossa atual situação, com respeito ao anúncio, se parece em comum com a situação na qual se encontravam os apóstolos depois das ameaças do Sinédrio. Apenas postos em liberdade, Pedro e João foram encontrar-se com os irmãos e referiram tudo quanto tinham dito os sumos sacerdotes e os anciãos, e também que não deviam mais falar para alguém no nome de Jesus. Que fizeram os apóstolos nessas circunstâncias? A primeira coisa que fizeram foi colocar-se em oração com a comunidade. "Permiti aos vossos servos anunciar vossa palavra com toda firmeza, estendei a vossa mão para operar curas, sinais e prodígios pelo nome de vosso santo servo Jesus." Veio de novo o Espírito Santo, como no dia de Pentecostes: de novo, "ficaram cheios do Espírito Santo e se puseram a anunciar a palavra de Deus com firmeza" (At 4,29-31). Como no dia de Pentecostes, o Espírito Santo é dado para permitir à Igreja proclamar com *coragem* a Palavra.

Uma vez que, como eu disse, nossa atual situação tem muito de comum com a dos apóstolos, unamo-nos na oração e peçamos como eles: Vem, Espírito Santo! Realmente, também hoje, "nesta cidade", neste nosso mundo, estão reunidos, contra o teu santo servo Jesus, "Herodes e Pôncio Pilatos com as nações e o povo de Israel". Também hoje todas as forças conspiram para eliminar praticamente do meio dos homens Deus, Jesus Cristo e a sua Igreja: a cultura, o bem-estar, as ideologias, aquilo que está fora dos homens e aquilo que está dentro deles. Senhor, volve o olhar, estende também hoje tua mão para que se realizem curas, milagres e prodígios no nome de Jesus, porque nos tornamos descuidados, surdos e endurecidos de coração, e as palavras já não são mais suficientes para nós. Temos a coragem de pedir-te ainda sinais e prodígios não para nós, mas para a tua glória e para a difusão do teu reino. É verdade, tu nos disseste que certos sinais servem "para os não crentes" (1Cor 14,22). Mas o nosso mundo é ainda, ou se tornou, em grande parte, não crente. Por isso temos necessidade de teus sinais que convençam o mundo ou, ao menos, chamem sua atenção. Prometeste agir junto com aqueles que pregam e confirmar suas palavras "com os sinais que os acompanharão" (cf. Mc 16,20). Também hoje em dia, como nos inícios, a tua Palavra cai sobre um mundo onde há toda uma balbúrdia de vozes, de propostas religiosas, mesmo as mais absurdas. Como se fará ouvir tua Palavra acima desse vozerio humano? Renova também hoje para nós aquela tua consoladora promessa: "Recebei a força do Espírito Santo que descerá sobre vós e sereis minhas testemunhas".

3

"Soprou sobre eles e disse: Recebam o Espírito Santo"

O Pentecostes joanino e o Espírito da verdade

No Novo Testamento não há a narrativa de um único Pentecostes, mas de dois. Existe um Pentecostes lucano, que é aquele descrito nos Atos dos Apóstolos, e existe um Pentecostes joanino, que é aquele descrito em João 20,22, quando Jesus soprou sobre seus discípulos e disse: "Recebam o Espírito Santo". Esse Pentecostes joanino aconteceu no mesmo lugar daquele de Lucas, no Cenáculo, mas não no mesmo tempo. Aconteceu de fato na mesma tarde da Páscoa, e não cinquenta dias depois da Páscoa.

Esse fato de uma dupla narrativa da vinda do Espírito Santo foi notado pelos Padres da Igreja: "Prestem atenção, meus irmãos, dizia Santo Agostinho. 'Alguém poderia perguntar-me: — Por que Cristo deu duas vezes o Espírito Santo?' Não uma vez, mas duas vezes o Senhor distribuiu aos apóstolos de modo manifesto o dom do Espírito Santo. Apenas ressuscitado dos mortos, de fato, soprou sobre eles e disse: 'Recebam o Espírito Santo'. E por tê-lo dado então, porventura, não enviou também o Espírito prometido? Ou não seria talvez o mesmíssimo Espírito aquele que Cristo soprou sobre eles e depois ainda enviou a eles do céu?"[1].

Os Padres explicavam essa "anomalia", dizendo que o dom do Espírito Santo, do qual fala João, era um dom parcial, restrito, seja quanto ao conteúdo seja quanto ao número dos dons recebidos, uma espécie de primazia, com respeito ao dom mais completo e universal doado cinquenta dias depois[2].

Sobre esse fato hoje em dia se dá uma explicação mais simples. As duas narrativas da vinda do Espírito Santo correspondem a dois modos diferentes de conceber e apresentar o dom do Espírito Santo, que não se excluem entre eles, antes se integram, mas

---

[1] Agostinho, *Tratados*, 265, 8, 9 (PL 38,1222; cf. também *Tratados sobre o Evangelho de João,* 74, 2 (CC 36, 513).
[2] Cf. Cirilo de Jerusalém, *Catechesi*, XVII, 12.14 (PG 33, 984.985); Cirilo de Alexandria, *Comentários em João*, XII,1 (PG 74, 709-722).

que não precisa forçosamente harmonizar entre eles. Lucas e João descrevem, de dois ângulos diferentes e com duas preocupações teológicas diferentes, o mesmo fundamental acontecimento da história da salvação, isto é, a efusão do Espírito Santo tornada possível pelo sacrifício pascal de Cristo. Essa efusão manifestou-se em diversos momentos e modos. Lucas, que vê o Espírito Santo como dom feito à Igreja para sua missão, acentua um desses momentos, aquele acontecido cinquenta dias depois da Páscoa, o dia no qual os judeus celebravam o final da Festa de Pentecostes. João, que vê o Espírito como o princípio da vida nova surgida da Páscoa de Cristo, acentua as primeiríssimas manifestações daquilo que se verificou no mesmo dia de Páscoa. Aproxima entre eles, no tempo e no espaço, Páscoa e Pentecostes.

Existe, pois, um modo de descrever a vinda do Espírito Santo próprio e característico de João. Desde o início do IV Evangelho, vem sendo feita uma promessa: haverá um batismo do Espírito Santo (cf. Jo 1,33). Essa promessa é confirmada e detalhada no discurso feito à samaritana sobre a água viva (cf. Jo 4,14); vem, em seguida, colocada em relação íntima com a "glorificação" de Jesus (cf. Jo 7,39), que indica, como se sabe, a sua morte gloriosa, e não somente sua ascensão ao céu. É inconcebível que João possa terminar seu Evangelho, sem ter mostrado aos seus leitores o cumprimento dessa promessa, ou que remeta, para tal cumprimento, a um outro livro do Novo Testamento, os Atos dos Apóstolos, que ele certamente nem mesmo conhecia. É pois todo o Evangelho de João que exige, como sua conclusão, um Pentecostes.

Temos disso uma confirmação pela história e pela liturgia da Igreja. Sabe-se que existiram, nos primeiros séculos da Igreja, dois fundamentais modo de entender a festa de Pentecostes, como existiram dois fundamentais modos de entender e de celebrar a Páscoa. Conforme um deles, depois confirmado e tornado universal até nossos dias, Pentecostes era a festa da descida do Espírito Santo, acontecida *cinquenta dias* depois da Páscoa. Conforme outro modo, que é o mais antigo, Pentecostes era a festa dos *cinqüenta dias* sucessivos à Páscoa e comemorava a presença espiritual, ou "segundo o Espírito", de Jesus entre os seus, a partir da ressurreição. Presença que era vista como a primazia da vida nova e a antecipação da vida eterna. Para Tertuliano, por exemplo, Pentecostes é "aquele tempo no qual a ressurreição do Senhor, recebidas numerosas confirmações junto aos discípulos, foi inaugurada a graça do Espírito Santo e se manifestou a esperança da vinda do Senhor"[3]. Segundo essa concepção — que está ligada à tradição joanina, como a Páscoa celebrada no dia 14 — o dom do Espírito Santo inaugurava o Pentecostes, enquanto que segundo outra concepção, que se baseia na narrativa de Lucas nos Atos, ele a concluía.

1. O Espírito Santo em João e nos Sinópticos: novidade e continuidade

Vejamos agora o que o Pentecostes joanino acrescenta ao nosso conhecimento do Espírito Santo e de sua categoria na história da salvação. O melhor método para colher a rica e variada revelação do Novo Testamento sobre o Espírito Santo é aquele que podemos definir pela "sobreimpressão". É um método

---

[3] TERTULIANO, *Sobre o batismo*, 19, 2 (CCL 1, p. 293).

que se usa, por exemplo, para ilustrar visivelmente a fisiologia do corpo humano. É apresentado às vezes por gráficos compostos de diversas folhas transparentes, unidas e sobrepostas. Sobre cada folha é desenhada, com uma cor diferente, uma parte ou um órgão do corpo humano: sobre um o sistema ósseo, sobre outro o sistema nervoso, sobre um terceiro o sistema circulatório e assim por diante. Observando esses gráficos separadamente, vê-se com clareza como é feito e como é implantado no corpo aquele órgão particular ou aquele sistema. Depois, colocando-os uns sobre os outros, vê-se delinear o corpo humano com uma complexidade sempre maior, até que, uma vez sobrepostas todas as folhas, vê-se o corpo inteiro com todos os órgãos que o compõem.

Aplicar esse método da sobre impressão ao estudo da doutrina neotestamentária do Espírito Santo significa analisar primeiro isoladamente a pneumatologia de cada autor em particular, ou de cada livro do Novo Testamento: a dos Sinópticos, a de João e a de Paulo, para depois pôr juntos, num segundo momento, os resultados, e ter assim uma visão completa de toda a revelação sobre o

Espírito Santo. A esse método opõe-se tanto passar indiscriminadamente de um autor para outro, de um "sistema" para outro, colhendo testemunhos e palavras um pouco de um, um pouco de outro, com o risco de se obter uma imagem híbrida e artificial da pneumatologia neotestamentária, quanto se parar num só sistema, limitando-se a revelar somente as diferenças entre um autor e outro, sem porém tentar a síntese. Nos tempos patrísticos prevalecia a primeira tendência, a sintética. Hoje em dia prevalece ao contrário a segunda, a analítica. Agora insiste-se na diversidade dos autores humanos, outrora se insistia mais na identidade do autor divino da Escritura.

Nessas meditações, aplicando o método que chamei de sobreimpressão, vou querer esforçar-me para colher mais luz possível sobre o Espírito Santo, examinando separadamente e pondo depois junto o essencial daquilo que, em torno do Espírito, compreenderam Lucas, João e Paulo, isto é, os três autores mais ricos de dados a esse respeito. E por fim, não teremos assim tantas e diferentes revelações, mas uma única revelação que cresce e se enriquece no tempo, procedendo de um mesmo Espírito, como cores diferentes do espectro que, colocadas juntas, formam a grande luz que é o Espírito Santo. Neste capítulo procuraremos colher a mensagem fundamental que sobre o Espírito nos transmite João no quarto Evangelho. Sobreporemos João a Lucas, para ver quais novos traços emergem da pessoa do Espírito Santo.

Na compreensão de Lucas, o Espírito Santo apareceu-nos como a força divina operante, primeiro em Jesus e depois na Igreja, que permite a ela levar a cabo a missão, superando todos os obstáculos. A grande novidade que se nota em João com relação a Lucas e aos outros dois Sinópticos, é esta: o Espírito Santo não permite realizar apenas ações suplementares, não serve apenas para *levar* a salvação aos confins da terra. Ele constitui a salvação! É o princípio da nova existência que opera no mundo a partir da vinda e do sacrifício pascal de Cristo. Não é, pois, qualquer coisa suplementar ou acidental, mas qualquer coisa de essencial. Isso é a vida nova, a vida de Cristo. O "Espírito da vida" é também a vida do espírito!

Isto provém claramente do fato que João não fala tanto do Espírito que faz realizar ações prodigiosas e distribui carismas, tampouco insiste em dizer que Jesus recebe o Espírito ou que opera no Espírito, porque Jesus é antes, para ele, aquele "que dá o Espírito" e que "batiza no Espírito" (cf. Jo 1,33). Para João, o Espírito é o princípio interior que age "em" aquele (naquele) que o recebe, e não somente através dele. Entende-se o enorme passo dado adiante, por exemplo, com respeito ao Antigo Testamento, ao qual os Sinópticos tinham permanecido substancialmente ligados. Aqui se apalpa a novidade que a vida de Cristo traz, também na revelação do Espírito Santo.

Todavia não é exato dizer que entre a visão do Espírito de João e a de Lucas não tenha algum ponto de contato. João aprofunda a visão dos Sinópticos, mas não a renega. Existe, entre um e outro, um nítido ponto de contato justamente em João 20,22, que chamamos de Pentecostes joanino. O Espírito Santo que aqui Jesus dá aos apóstolos é claramente em função da sua missão: "Como o Pai me enviou, também eu envio vocês". Depois de ter dito isto, soprou sobre eles e disse: "Recebam o Espírito Santo". O gesto de bafejar ou soprar evoca Gênesis 2,7 e Ezequiel 37,9, e apresenta por isso o Espírito como doador da vida e princípio da nova criação, mas as palavras que acompanham o gesto apresentam o mesmo Espírito como a força que habilitará os apóstolos a cumprir sua missão e conferirá a eles o poder de perdoar os pecados. Apresentam-no, em outras palavras, como um Espírito profético e ministerial.

A diferença com relação a Lucas é, numa palavra, que aqui o Espírito que habilita para a missão é visto como o mesmo Espírito que dá a vida. A força profética e a autoridade de perdoar pecados são um aspecto desse Espírito princípio de vida nova e dele derivam. Não é um Espírito profético e carismático que opera algumas coisas e absorve algumas funções e um Espírito de verdade ou de vida que opera outras coisas também. Isso ficará mais claro ainda em Paulo, para o qual o mesmo Espírito Santo que distribui os carismas é aquele que infunde nos corações o amor e doa a caridade (cf. Rm 5,5; 1Cor 12–13).

A síntese mais bela da doutrina bíblica sobre as dimensões da ação do Espírito Santo — a profética e a vivificante — é a feita pela própria Igreja no Credo. Querendo definir, juntamente com a divindade do Espírito Santo, também as suas prerrogativas principais, que fez o Concílio Ecumênico de Constantinopla em 381? Ao artigo já presente no símbolo niceno: "Creio no Espírito Santo", acrescentou a frase: "que é Senhor e dá a vida, e falou por meio dos profetas". Talvez sem o propor diretamente, atendo-se apenas à Bíblia, os Padres apresentaram assim, de modo admirável, a dupla função do Espírito que é ser Espírito "vivificante" e Espírito que falou por meio dos profetas e que fala agora por meio da Igreja. As duas linhas, ao longo das quais se veio desenvolvendo a revelação sobre o Espírito Santo, confluem desta forma no coração da fé da Igreja. A grande chama que é o Espírito foi colocada finalmente sobre o candelabro da Igreja que é o símbolo da fé[4].

2. O Espírito Santo, princípio do nascimento e do crescimento da Igreja

Definido este ponto que permite ver entre os Sinópticos e João uma continuidade

---

[4] Cf. GREGÓRIO NAZIANZENO, *Tratados*, 12, 6 (PG 35, 849).

e não uma ruptura, podemos agora avaliar melhor os aspectos novos surgidos da pneumatologia joanina. Podemos distinguir as passagens de João que falam do Espírito como princípio constitutivo da salvação, em duas séries. A primeira série é aquela que traz à luz a relação do Espírito Santo no *"fieri"*, isto é, no próprio processo do se constituir da Igreja e no seu nascer, enquanto a segunda — contida nos capítulos 14–16 do Evangelho — é aquela que põe à luz a relação do Espírito Santo no *"ser"*, isto é, no perdurar, ou no funcionamento da Igreja; em outras palavras, no seu crescimento e na sua vida.

À primeira série pertencem todos aqueles textos que falam do *Espírito Santo como princípio do novo nascimento,* chamado nascimento pelo Espírito (cf. Jo 3,6), ou também "nascimento para Deus" (Jo 1,13), e "do alto" (Jo 3,3). Nessas passagens o Espírito é o sujeito ou o agente que provoca o novo nascimento espiritual e é também o objeto dele, aquilo que constitui o novo nascimento e a nova vida. Essa nova existência "pelo Espírito" nasce do fato que o Espírito coloca aquele que crê e que é batizado em contato vital com o Redentor e, através dele, com o mundo de Deus, com o "alto". Fá-lo entrar numa outra esfera, dando-lhe o "conhecimento" de Deus e de Cristo, e com isso mesmo a "vida eterna". A este momento inicial da vida do crente e da Igreja refere-se também de modo simbólico João 19,30 e 34, no qual fala do Espírito que Jesus "emite" agonizante na Cruz, e da água e do sangue que são os sinais e os símbolos sacramentais (cf. 1Jo 5,5-8).

À segunda série de enunciados — que falam do *Espírito como fator de crescimento* — pertencem os ditos sobre o Paráclito que se leem nos capítulos 14–16 do quarto Evangelho, como também as duas passagens sobre a unção espiritual (cf. 1Jo 2,20.27). É muito útil ler, uma vez, seguidamente e por inteiro, esses textos que no Evangelho se encontram espalhados entre outros discursos, conforme o estilo de João de desenvolver um tema retornando a ele sob diferentes aspectos. Somente assim se aprecia plenamente a grande revelação joanina sobre o Espírito Santo. Escutemos, então, como se fosse um único e ininterrupto discurso, acentuando os títulos que aparecem e assinalando os destaques entre uma perícope e outra.

"Rogarei ao Pai e ele lhes dará outro *Consolador* para ficar sempre com vocês, o *Espírito da verdade*, que o mundo não pode receber porque não o vê nem o conhece. Mas vocês o conhecem porque ele está com vocês e estará em vocês.

Mas o *Paráclito, o Espírito Santo,* que o Pai vai enviar-lhes em meu nome, ele lhes ensinará todas as coisas e lhes recordará tudo o que eu lhes disse.

Quando vier o *Consolador* que eu lhes enviarei da parte do Pai, o *Espírito da verdade* que procede do Pai, ele dará testemunho de mim.

Mas eu lhes digo a verdade: para vocês é conveniente que eu vá; se eu não for, não virá a vocês o *Consolador*; mas se eu for, eu lho enviarei. E quando ele vier, vai questionar o mundo quanto ao pecado, quanto à justiça e quanto ao julgamento. Quanto ao pecado, porque não creram em mim; quanto à justiça, porque vou para o Pai e vocês não vão me ver mais; quanto ao julgamento, porque o príncipe deste mundo está julgado.

Tenho ainda muitas outras coisas para lhes dizer, mas vocês não podem compreendê-las agora. Quando porém vier o *Espírito da verdade*, ele os conduzirá à verdade completa. Pois não falará de si mesmo, mas falará tudo o que ele ouvir e lhes anunciará o que há de acontecer. Ele me glorificará, porque receberá do que é meu e anunciará tudo a vocês" (Jo 14,16-17.26; 15,26; 16,7-15).

Em todas essas passagens, o problema básico não é mais como se "nasce" para a nova vida, mas como pode o crente — uma vez vindo à existência — permanecer e crescer nesta vida; como pode a Igreja afrontar a oposição do mundo e sair vitoriosa; como pode continuar permanecendo em contato com Jesus Cristo e também crescer em seu conhecimento. O enfoque é, pois, a vida da Igreja na história.

A esses textos do Evangelho ligam-se aqueles da primeira Carta de João. A unção que "ensina todas as coisas" (1Jo 2,27) lembra de fato aquilo que se diz em João 14,26 do Espírito que "ensina todas as coisas"; assim como a frase: "o Espírito é a verdade" (1Jo 5,6) lembra o título "Espírito da verdade", comum no Evangelho.

3. O Espírito da verdade

Agora propomo-nos, como de costume, atualizar essa revelação joanina sobre o Espírito Santo, procurando ver à sua luz as situações e as necessidades da Igreja de hoje. Para permanecer o mais possível aderidos à intenção do evangelista, concentremos nossa atenção nos dois títulos do Espírito Santo mais caros a João: Espírito de verdade e Paráclito, ou Consolador.

Para dar-nos conta do que quer dizer a expressão "Espírito de verdade", é preciso saber o que é entendido por "verdade" (*aletheia*) no quarto Evangelho. "Juntamente com *aletheia,* também *Pneuma* indica a realidade de Deus." Por isso adorar a Deus "em Espírito e verdade" (Jo 4, 24) significa "adorar na esfera de Deus e não na esfera do cosmo, que é como dizer adorá-lo na realidade e não numa sua imagem; na realidade, não na aparência"[5]. Adorar a Deus em espírito e verdade significa pois não adorá-lo de maneira humana ligada a lugares e modos humanos, mas adorá-lo na sua própria

---

[5] E. Schweizer, ThWNT, VI, p. 437-438.

esfera, tornada acessível em Cristo e, depois dele, no Espírito. Adorar a Deus por meio de Deus, como, aliás, amamos a Deus por meio de Deus!

O sentido da palavra "verdade" oscila, em João, entre a *realidade* divina e o *conhecimento* da realidade divina, entre um significado ontológico ou objetivo e um gnoseológico ou subjetivo. A interpretação tradicional, e em particular a católica, entendeu "verdade", sobretudo no segundo sentido, de *conhecimento e formulação da verdade*; no sentido, em outras palavras, de verdade dogmática. O Espírito é aquele que guia a Igreja para um pleno conhecimento das implicações da revelação, através dos concílios, do Magistério, da Tradição.

Este é um aspecto da ação do Espírito de verdade, o mais importante, se quiser, mas não o único. Existe um aspecto mais pessoal e existencial que devemos igualmente ter presente que é este: o Espírito Santo nos conduz a um contato sempre mais íntimo e profundo com a *realidade* de Deus; dá-nos acesso à própria vida de Cristo. É o princípio de nossa experiência, não somente o nosso conhecimento da realidade de Deus. Santo Irineu chama o Espírito Santo de nossa "comunhão com Deus"[6]; e São Basílio diz que ele "cria a intimidade com Deus"[7].

No Espírito Santo entramos em contato diretamente com Deus, isto é, sem intermediários criados. Não conhecemos mais a Deus somente por "ter ouvido dizer", ou através de uma pessoa, mas "pessoalmente". Não vindo de fora, mas de dentro.

A ação do Espírito de verdade não é pois limitada somente para alguns momentos raros e solenes da vida da Igreja. Existe uma ação institucional, exercida através das instituições da Igreja (concílios, bispos, papa) e existe uma ação íntima, diária e ininterrupta, no coração de todo crente. "Ele estará com vocês e estará em vocês" (Jo 14,17). Esta é aquela unção "recebida do Espírito" que dá a ciência, que permanece em nós, que ensina todas as coisas e faz estar firmes na verdade (cf. 1Jo 2,20.27). Também nesse sentido, o Espírito Santo aparece como "o grande Doutor da Igreja"[8].

---

[6] Irineu, *Contra as heresias*, V. 1, I.
[7] Basílio, *Sobre o Espírito Santo*, 19, 49 (PG 32, 157).
[8] Cirilo de Jerusalém, *Catequese*, 16, 19 (PG 33, 944).

Esse ensinamento que o Espírito Santo comunica no íntimo de todo crente deve ser submetido ao discernimento e ao juízo da comunidade e em particular dos seus pastores, como diz o próprio João (cf. 1Jo 4,1-6), para que se distinga "o Espírito da verdade" do "espírito do erro". Mas o fato de que tal guia interior e pessoal do Espírito possa estar sujeito a engano e abuso não justifica que seja suprimido ou olhado com suspeita. Se os santos se tornaram tais, foi principalmente pela docilidade a esse guia secreto que lhes sugeria, momento por momento, aquilo que era mais agradável a Deus e mais conforme ao Espírito de Cristo.

Tudo isso nos ajuda a ver com olhos diferentes também a Tradição da Igreja. Por que a Tradição da Igreja é chamada de "vivente", senão porque nela vive e opera o Espírito Santo? Por que é comparada a um vaso que não só contém o licor precioso da revelação, mas com certeza o faz rejuvenescer[9], senão, ainda uma vez, porque nela está a obra do Espírito Santo? O Espírito Santo é a alma da Tradição. Se se tirar o Espírito

---

[9] Cf. IRINEU, *Contra as heresias*, III, 24, 1.

Santo ou se se esquecer dele, aquilo que resta da Tradição será somente "letra morta". Se a própria vida de Jesus e a própria Eucaristia, sem o Espírito que dá a vida, "não serve para nada" (cf. Jo 6,63), o que se pode dizer da Tradição?

Isso permite-nos entender a verdadeira causa da dolorosa crise vivida pela Igreja católica depois do Concílio Vaticano II e que levou Lefebvre ao cisma. A Tradição que se defendia, e em nome da qual alguns se separaram da Igreja, era uma Tradição sem mais o Espírito Santo, sem mais alguma ligação atual e vital com ele. Uma Tradição reduzida mesmo à "carne que não serve para nada" e à "letra que mata" (2Cor 3,6). O verdadeiro problema e verdadeiro ponto fraco, muitas vezes passado inobservado nesse grande acontecimento, foi o total esquecimento do Espírito Santo. A experiência demonstra que se pode cultivar uma grande devoção ao Espírito Santo, pedir todos os dias os seus "sete dons" e detalhar o significado deles, tendo não obstante isto o Espírito Santo acuradamente fora da verdadeira e atual vida da Igreja, pretendendo que ele se adapte à nossa verdade, antes que nós à sua.

4. O Espírito "Consolador"

Outro título comum do Espírito, em João, é o do Paráclito. Este nome tem uma diversidade de significados: defensor, advogado, consolador... Mas todos indicam uma ação em favor dos fiéis. Nele, é Jesus mesmo que continua a estar ao lado da Igreja. Um "outro" Consolador, o chama Jesus. Durante sua vida terrena era ele mesmo o Consolador: "Venham a mim — dizia —, vocês que estão cansados e oprimidos, e eu os consolarei" (Mt 11,28). Prometendo o Consolador, é como se agora dissesse: "Vão a ele, vocês todos que estão fatigados e oprimidos, e ele os consolará!".

O mais importante, neste momento, não é tanto explicar o significado do título Consolador, quanto acolher o convite de Cristo e fazer a experiência da consolação do Espírito Santo. O enfoque no qual é apresentada a ação do Paráclito é o do combate com o mundo. O mundo, porém, não é somente aquele fora de nós; é também aquele que opera dentro de nós, nas tendências más, nas resistências, nas fraquezas, no pecado. Uma massa tão grande de negatividade e de males, à qual às vezes parece impossível resistir.

O Espírito Santo desenvolve conosco uma relação exatamente contrária àquela que desenvolve o espírito do mal. O próprio João, que define o Espírito Santo como "o Defensor", chama Satanás de "o Acusador" (Ap 12,10). O Espírito Santo defende os crentes e "intercede" por eles junto ao Pai sem cessar, com gemidos inenarráveis (cf. Rm 8,26s.); o espírito do mal acusa os fiéis "diante de Deus dia e noite". Ele acusa os fiéis diante de Deus e acusa Deus diante dos fiéis. Mas quanto é mais infinitamente forte e vitorioso o defensor, em relação ao acusador! Com ele podemos vencer toda tentação e transformar a própria tentação em vitória.

Como nos consola esse "Consolador perfeito" (*"consolator optime"*), como o define um hino da liturgia? Talvez do mesmo modo como os homens são solícitos em consolar, isto é, com palavras? Não, ele é em si mesmo a consolação, opera aquilo que significa, porque é Espírito, e não carne, Deus e não homem (cf. Is 31,3). Consola fazendo ressoar no coração as palavras que Jesus dizia aos seus quando estava com eles: "No mundo vocês terão de sofrer. Mas podem confiar: eu venci o mundo!" (Jo 16,33). Consola atestando ao nosso espírito que somos filhos de Deus (cf. Rm 8,16). O apóstolo Paulo fez a experiência dessa consolação divina nas tribulações, ao ponto de chamar a Deus "Pai misericordioso e Deus de toda consolação" (cf. 2Cor 1,3s.). Toda a Igreja fez, no início, essa experiência do Espírito "Consolador": "Ela — está escrito — crescia e andava no temor do Senhor, cheia do conforto do Espírito Santo" (At 9,31).

5. Sede ou medo do Espírito Santo?

"No último dia, o grande dia da festa, pondo-se de pé, exclamou em alta voz: 'Quem tem sede venha a mim e beba quem crê em mim'." E o evangelista João comenta: "Isto ele dizia referindo-se ao Espírito" (Jo 7,37-39). A condição primeira para receber o Espírito Santo não são os méritos e as virtudes, mas o desejo, a necessidade vital, a sede. A palavra de Jesus tem ressonância na de Isaías: "Todos vocês que têm sede venham à nascente das águas; mesmo os que não têm dinheiro" (Is 55,1).

O problema prático, a respeito do Espírito Santo, está propriamente aqui: Temos sede do Espírito Santo, ou ao contrário, um inconfesso medo dele? Intuímos que o Espírito Santo, se vier, não pode deixar tudo como encontra em nossa vida; poderia até fazer coisas "estranhas" que não estamos prontos a aceitar. Ele não deixou jamais tranquilos e sossegados aqueles sobre os quais veio. Aquele a quem o Espírito Santo toca, o Espírito Santo muda! Assim a nossa oração para ter o Espírito assemelha-se à oração que Santo Agostinho dirigia a Deus, antes da conversão: "Cure-me, Senhor, cure-me..., mas não logo!"[10]. "Vinde, Santo Espírito, somos tentados a dizer —, vinde..., mas não já e sobretudo nada de estranhezas e singularidades! Não é Deus ordem, decoro, compostura e equilíbrio?" Se os apóstolos pudessem ter escolhido e decidido eles mesmos o modo como deveriam manifestar, daí a pouco, o Espírito, não teriam jamais escolhido pôr-se a falar em línguas desconhecidas, expondo-se a se tornar objeto de risos da população e serem tidos como "embriagados de vinho"

---

[10] AGOSTINHO, *Confissões*, VIII, 7.

(cf. At 2,13). Entretanto, foi assim que aconteceu. Peçamos antes de tudo ao Espírito que nos tire o medo que temos dele. Digamos: "Vem, vem, Espírito Santo. Vem agora, vem como quiseres. Toma, aquece, cura, irriga, queima, renova".

Na noite da Páscoa, Jesus soprou sobre seus discípulos e disse: "Recebam o Espírito Santo", quase pedindo-lhes para acolher o seu dom. Nesse gesto realiza-se a grande profecia de Ezequiel sobre os ossos secos: "Profetiza e dize ao espírito, profetiza, filho do homem. Assim fala o Senhor Deus: Espírito, vem dos quatro ventos, sopra sobre estes mortos para que eles recuperem a vida" (Ez 37,9). O filho do homem agora não é mais Ezequiel, um profeta, mas o Filho do homem por excelência, o mesmo que é também o Filho de Deus. É ele que grita ao Espírito, que o chama e que sopra. Não o chama de fora de si, "dos quatro ventos", mas de si, do seu lado aberto. Ele não fez isso uma vez somente, na noite da Páscoa, mas o faz continuamente. Também hoje ele se põe diante dos discípulos e da Igreja e repete seu urgente convite; "Recebam o Espírito Santo!" Exponhamos o nosso rosto e a nossa alma a esse sopro de vida para nos deixarmos vivificar e renovar. Também hoje, se toda a Igreja recebesse esse sopro poderoso, se o Espírito entrasse com força em todas as suas realidades, ela "se poria de pé" e seria um exército "grande, imenso".

4

"Todas estas coisas faz o único e mesmo Espírito"

O Pentecostes paulino e a "pessoa" do Espírito Santo

Em que sentido se pode falar, também através de Paulo, não somente de uma pneumatologia, mas também de um Pentecostes, isto é, não somente de *uma doutrina* do Espírito Santo, mas também de um *acontecimento* do Espírito? Na Carta aos Efésios lemos: "Cada um de nós recebeu sua parte de graça divina segundo Cristo mediu seus dons. Por isso, diz a Bíblia: Subindo às alturas, ele conduziu cativos, concedeu dons aos homens (Sl 68,19). 'Ele subiu', que quer dizer isso, senão que ele também desceu, às regiões inferiores da terra? Aquele que desceu é o mesmo que também subiu acima de todos os céus, a fim de completar todas as coisas" (Ef 4,7-10). Esse texto põe em relação a efusão do Espírito — pelo menos enquanto diz respeito aos dons e carismas — com a ascensão de Cristo ao céu. Concorda também com Lucas ao ligar a efusão do Espírito Santo a um acontecimento preciso, acontecido depois, ou em concomitância com a ascensão de Jesus ao céu. Os Atos dos Apóstolos apresentam-nos de fato a vinda do Espírito num quadro semelhante àquele de um trecho da Carta aos Efésios: "Exaltado pelo poder de Deus, ele recebeu do Pai o Espírito Santo prometido e o derramou" (At 2,33).

Aquele trecho da Carta aos Efésios é, porém, a única passagem do corpo paulino que liga o dom do Espírito a um acontecimento "histórico", antes que a um acontecimento sacramental, e se encontra numa carta da qual não há unanimidade na atribuição de ser Paulo seu autor. Existindo portanto essa incerteza, usamos a expressão "Pentecostes paulino" no sentido lato, no sentido, isto é, de certo modo, próprio de Paulo, de apresentar o dom do Espírito e de colocá-lo em relação com a vinda e a obra de Jesus.

1. A síntese paulina sobre o Espírito Santo

Encontramos até aqui duas fundamentais concepções do Espírito Santo no Novo Testamento: a concepção carismática de Lucas e dos outros Sinópticos, que apresentam o Espírito como "força divina" e, em particular, como profecia, e a concepção interior de João que apresenta o Espírito como princípio de renascimento e de vida nova. Em Paulo achamos a síntese dessas duas linhas de reflexão. Não no sentido de que ele reúne elementos que antes dele estivessem separados — ele escreve realmente antes de Lucas e de João —, mas no sentido de que nele estão presentes e antecipadas ambas as prospetivas.

Por uma parte, São Paulo conhece o *Espírito como dispensador dos carismas* e como "poder de Deus", e fala difusamente nas suas cartas (cf. 1Cor 12,14; Rm 12,6-8; Ef 4,11-16); conhece a "manifestação do Espírito e do seu poder" (1Cor 2,4; 1Ts 1,5) e a conhece por experiência direta, desde o momento em que por meio dele o Espírito operou "sinais, prodígios e milagres" (2Cor 12,12). Deste ponto de vista, a novidade paulina, com relação à análoga concepção do Antigo Testamento, consiste no fato de que tudo está ordenado agora para Cristo. Os carismas provêm de Cristo e são ordenados para a edificação de seu corpo que é a Igreja. É ele que estabeleceu alguns apóstolos, outros evangelistas, outros profetas (cf. Ef 4,11-12). A novidade consiste também no fato de que agora "a cada um é dada uma manifestação particular do Espírito" (1Cor 12,7), não somente a alguns membros privilegiados do povo e somente em ocasiões particulares, como era no Antigo Testamento. Nem todos, diz São Paulo, são apóstolos, nem todos fazem milagres; isto é, nem todos têm todos os dons (cf. 1Cor 12,29-30), mas todos têm um dom, uns de um modo, outros de outro. Com relação a Lucas, a diferença é que Paulo não se limita a acentuar somente um carisma, a profecia, mas acentua tantos outros, embora a profecia continue a ocupar, também nele, um lugar privilegiado (cf. 1Cor 14,1s.).

De uma parte Paulo conhece, pois, e dá grande espaço ao componente carismático da ação do Espírito Santo, de outra, porém, ele conhece também o *Espírito como princípio interior de vida nova,* como constitutivo da salvação. Vários são os modos com os quais o Apóstolo expressa essa nova característica do Espírito que no Antigo Testamento fora apenas acenada em alguma passagem dos profetas sobre a nova aliança (cf. Ez 36,27). Recordamos os principais. O Espírito é a *lei nova,* a lei interior, escrita nos corações, que funda a aliança nova (cf. Rm 8,2; 2Cor 3,3). Nesse sentido, ele é também a *vida nova* e o princípio da total renovação interior que se opera no batismo (cf. Rm 7,6; 8,2; 2Cor 3,6; Tt 3,5). Ainda: o Espírito é o princípio de um novo conhecimento de Deus. Os fiéis receberam o Espírito "para conhecer tudo aquilo que Deus lhes deu". Até "as profundezas de Deus" e "as coisas que o olho não vê", Deus as revelou por meio do Espírito (cf. 1Cor 2,10-16). Mais importante de tudo, o Espírito é aquele que infunde nos corações o *amor* e doa a *caridade* (cf. Rm 5,5; 1Cor 12,31-13,1s.). Enfim, o Espírito é, naquele que crê, *princípio de ressurreição* e de imortalidade (cf. Rm 8,11).

São todos modos diferentes de expressar a mesma verdade básica: que o Espírito não serve somente para anunciar a salvação, mas é a salvação; não somente enriquece a Igreja de variados dons, mas a faz existir.

2. Carismas e caridade

São Paulo conhece pois duas ações fundamentais do Espírito Santo: a carismática, que podemos definir *"ad extra"*, enquanto é para a utilidade de todos e termina fora do sujeito que a recebe, e aquela que podemos definir como *"ad intra"*, enquanto termina no próprio sujeito que a recebe e nele renova a existência. Ele, porém, não termina aqui, mas se coloca também explicitamente o problema de relacionamento entre essas duas diferentes operações do Espírito. A sua posição pode ser reassumida assim: *reconhecimento dos carismas,* como fator determinante para a construção e o crescimento do corpo de Cristo, mas *subordinação dos carismas à caridade,* isto é, subordinação das manifestações do Espírito ao seu possesso estável interior. "Tenham o desejo dos dons superiores. Ainda vou lhes mostrar um caminho melhor" (1Cor 12,31). Com estas palavras Paulo estabelece uma dupla hierarquia: uma interna dos carismas, dizendo que alguns deles são "maiores" que outros, e uma hierarquia entre os carismas e a caridade, definindo esta última como a via ou a "melhor de todas" as coisas.

Entre os carismas, alguns, como a profecia, são mais úteis e importantes que outros, por exemplo, o de falar línguas. "Aspirem também aos dons superiores, sobretudo a profecia" (1Cor 14,1s.). Dentro, porém, da obra global do Espírito, a caridade é superior aos carismas, compreendida a profecia, porque a profecia cessará, enquanto que a caridade não cessará jamais (cf. 1Cor 13,8). O "ser" no Espírito é superior ao "agir" (sobre os outros) no Espírito. A tal ponto que sem a caridade o resto não serve para nada.

Por que essa clara subordinação dos carismas à santidade pessoal do ministro? Não seria de se preferir, segundo a lógica evangélica, o que é vantajoso para todos ao que é de vantagem para si mesmo, e o que é de utilidade para todos ao que é útil somente para um? A explicação que Santo Agostinho dá é que os carismas são as partes, enquanto que a caridade é o todo. "Tem — diz — a caridade e terás tudo. Se amas a unidade, tudo aquilo que alguém possui é também teu[1]." O amor identifica-se, em última análise, com o próprio Doador dos carismas que é o Espírito Santo, e o Doador é certamente preferível aos seus dons. Para Santo Agostinho, o Espírito Santo é — não só *naturalmente* mas também *pessoalmente* — aquele amor de que se fala quando se diz que "Deus é amor" (1Jo 4,8). Infundindo o amor (cf. Rm 5,5), o Espírito Santo infunde-nos não uma coisa, mas a si mesmo[2].

Também Santo Tomás de Aquino se pergunta por que a caridade (que ele chama graça *"gratum faciens"*, que nos torna aceitos para Deus) é o maior dos carismas (que ele chama graça *"gratis data"*, concedida gratuitamente), e veja o que responde: "A caridade une diretamente ao *fim* que é Deus, enquanto que o carisma cria somente as predisposições, prepara o terreno, para que isso aconteça nos outros. Diz respeito por isso aos meios, não ao fim". Através dos carismas nós não podemos *causar nos outros*

---

[1] Santo Agostinho, *Tratados sobre o Evangelho de João*, 32, 8 (PL 35, 1646).
[2] Cf. Id., *A Trindade*, XV, 17, 31 (PL 42, 1082).

aquilo que *em nós é causado* pela caridade, ou seja a união com Deus. Podemos apenas predispô-los para isso[3].

Podemos aprofundar essa resposta de Santo Tomás, dizendo que a caridade é também o melhor e mais seguro meio para agir sobre os outros e para ajudar os outros. A *caridade edifica*, diz o Apóstolo (1Cor 8,1), e edifica também os outros, constrói a comunidade, não somente a si mesmo. No mais, é próprio da caridade preservar os carismas e permitir a eles operar, mantendo a pessoa em contato humilde e constante com Deus que é a fonte dos carismas. Sem uma verdadeira santidade pessoal ou, ao menos, uma constante atenção voltada para ela, através do arrependimento e da conversão, os carismas não resistem, corrompem-se logo e, antes que "para a utilidade comum", tornam-se facilmente usados para a glória e para a utilidade pessoal. Jesus mesmo fala de carismas que levam à geena, porque não são orientados para fazer a vontade do Pai (cf. Mt 7,21-23).

Todavia, é preciso estar atentos em não acentuar muito unilateralmente essa subordi-

---

[3] Cf. Tomás de Aquino, *Suma Teológica,* I-IIae, q. 111, a. 5.

nação dos carismas à caridade, tirando dela conclusões erradas. Paulo fala, levando em conta as situações e necessidades próprias de cada Igreja. A uma Igreja, como a de Corintos, que fazia uma experiência forte dos carismas e tendia a apreciar o Espírito somente com manifestações espetaculares, como o falar em línguas, ele lhes recorda com força a importância da caridade e diz que todo o resto, sem ela, não vale nada. Mas às outras Igrejas, onde não havia esse perigo e onde talvez até houvesse o perigo contrário do fechamento aos carismas — como a de Tessalônica —, o mesmo Apóstolo inculca o contrário dizendo: "Não apaguem o Espírito, não desprezem o dom da profecia" (cf. 1Ts 5,19-20).

É lícito pensar que Paulo faria a mesma coisa hoje em dia. Falando em ambientes nos quais se faz uma experiência direta e forte dos carismas e se corre o risco de supervalorizá-los às custas de uma sólida vida de santificação, ele diria aquilo que disse aos Coríntios: "Eu lhes mostrarei a todos o melhor caminho..." Ao contrário, falando em ambientes nos quais se tende a olhar com suspeita os dons e carismas e a insistir somente na santidade pessoal ou na ação institucional e sacramental do Espírito, ele diria talvez, como aos Tessalonicenses: "Não apaguem o Espírito, não desprezem as profecias... Examinem tudo e fiquem com o que é bom".

3. O Espírito "pessoa"

Com Paulo, temos somente a *síntese* entre as duas fundamentais ações do Espírito, a carismática e a santificante, mas temos também a *superação* da concepção do Espírito Santo como "ação", como "força" divina, e início da revelação do Espírito como "pessoa". O Espírito Santo não é, para Paulo, somente uma ação, mas antes de tudo um agente, isto é, um princípio dotado de vontade e inteligência, que age consciente e livremente. Dele se diz que ensina, atesta, geme, intercede, se entristece, que sabe, que deseja.

Esta clara evolução para uma concepção pessoal e subjetiva, além da objetiva, do *Pneuma* (pelo qual ele não aparece somente como objeto, mas também como sujeito, não somente um "ele", mas também um "eles"), é confirmada pela presença em Paulo de fórmulas triádicas, como a seguinte: "A graça de Nosso Senhor Jesus Cristo, o amor do Pai e a comunhão do Espírito Santo estejam com todos vocês" (2Cor 13,13; cf. também 1Cor 12,4-6; Rm 5,1-5; Gl 4,4-6). Lidos, como se deve, à luz de Mateus 28,19 (... batizando--os "em nome do Pai, do Filho e do Espírito Santo") e do desenvolvimento posterior da fé, aquelas fórmulas triádicas indicam uma nova orientação a respeito do Espírito Santo, unido com a revelação sobre o Pai, sobre o Filho, ou seja, com a revelação da Trindade.

Uma confirmação dessa leitura vem-nos de João, para quem o relacionamento do Espírito com Jesus é modelado no relacionamento de Jesus com o Pai. O Pai é aquele que "dá testemunho" do Filho (cf. Jo 5,32.37; 8,18) e o Espírito Santo é aquele que "dá testemunho" de Jesus (Jo 15,26). O Filho não fala "de si mesmo", mas diz aquilo que ouviu do Pai (cf. Jo 8,28; 12,49; 14,10), mas também o Espírito Santo não falará "de si mesmo", mas dirá aquilo que terá ouvido (Jo 16,33). Jesus glorifica o Pai (Jo 8,50; 17,1) e o Espírito glorifica Jesus (Jo 16,14). Também para João, o espírito não é somente um "ele", mas um "eles", e é talvez por isso que ele acrescenta ao nome neutro *Pneuma,* o nome masculino *Paráclito.*

Estamos com isso diante de um ponto nevrálgico da fé e do cristianismo, que não pode ser deixado na incerteza. Disso depende se a Trindade é um dogma de fé que tem sua origem em Cristo, na revelação bíblica, ou se ao contrário a sua origem se coloca fora da revelação bíblica, na cultura helenista.

Vejamos como o problema é resolvido numa das sínteses mais autorizadas da pneumatologia bíblica — aquela que se lê no "Grande léxico teológico do Novo Testamento" —, no qual um pouco todos se abastecem e da qual também eu tirei não poucos subsídios de tudo o que disse até aqui. "Esta força — lê-se a propósito do Espírito Santo em São Paulo — não é anônima, mas se identifica com o Senhor glorioso, contanto que estes sejam considerados não em si mesmos, mas no seu agir na comunidade"[4]. O Espírito Santo vem pois "identificado" com o Senhor ressuscitado. Mas o *Pneuma* é chamado pelo próprio Paulo "Espírito de Deus", e não somente "Espírito de Cristo" (cf. 1Cor 2,10.14;

---

[4] E. SCHWEIZER, ThWNT, VI, p. 431 ss.

Rm 8). E se o Espírito Santo se identifica com o Senhor ressuscitado enquanto age na comunidade, como então atribuir a mesma ressurreição à obra do Espírito? (cf. Rm 1,4; 1Pd 3,18; 1Tm 3,16). E que significa a frase: "o Espírito daquele que ressuscitou Jesus dos mortos" (Rm 8,11)?

Ainda se diz: "A questão metafísica do relacionamento que ocorre entre Deus, Cristo e o Espírito, Paulo não menciona. Isto basta para mostrar que é errado ver em *Pneuma* a primeira designação paulina da terceira pessoa da Trindade. Muitas vezes isso aparece claramente como algo de impessoal". É verdade pois que o *Pneuma* aparece muitas vezes, em Paulo, "como algo de impessoal", mas é também verdade que muitas vezes aparece como algo pessoal, isto é, livre e consciente. Como negar, por exemplo, o caráter pessoal de Espírito no seguinte texto: "Todas essas coisas é o único e mesmo Espírito que opera, distribuindo a cada um como quer" (1Cor 12,11)? O Espírito não é somente o dom ou o conjunto de dons, mas o distribuidor livre ("como quer") e responsável por eles.

E vamos à conclusão: "O problema da personalidade do *Pneuma* — se diz — aparece mal impostado pelo simples fato de que o termo 'personalidade' não existe em hebraico nem no grego"[5]. Esta objeção é também, ela mesma, "mal colocada"! Para onde conduz de fato tal motivação, se for aplicada corretamente? Leva a dizer que nem o Pai nem o Filho Jesus Cristo seriam, para Paulo, "pessoas", porque faltava ainda tal termo e tal conceito. Porque sobre os Três se fala muitas vezes juntos, do mesmo modo, aquilo que vale para o Espírito deve valer também para o Pai. Seria preciso por isso concluir que também o Pai, como o Espírito Santo, é um "modo de ser" do Senhor ressuscitado, tornando explícito o modalismo e o monarquismo de fato, subjacente a esta reconstrução da pneumatologia neotestamentária.

A ausência do termo não conclui necessariamente a ausência da realidade correspondente, quando se trata de uma realidade nova, antes não conhecida. Dizer o contrário seria como dizer que não se podia inventar o telefone quando ainda não existia este nome. Seriam o termo e a sua existência que determinam o surgimento de uma coisa, ou

---

[5] *L. cit.*

não antes a existência da coisa que determina o surgimento do termo com o qual é indicada? Isto vale de um modo particular para o conceito de pessoa, ou hipótese, que enquanto distinto da "substância" não tinha existido até então em nenhuma cultura, e que o pensamento cristão chegou a descobrir justamente refletindo sobre aquilo que Jesus tinha revelado a respeito do Pai, do Filho e do Espírito Santo. Se se prescinde dessa constatação, não se explica como e por que o termo pessoa nasceu.

Se, como chegou a admitir também o pensamento moderno, pessoa significa "ser em relação", é claro o caráter pessoal do Espírito Santo no Novo Testamento, porque é clara e distinta a "relação" que o liga ao Pai e a Jesus Cristo. Negar qualquer caráter pessoal e distinto ao *Pneuma*, também em João e em Paulo, significa abrir inevitavelmente a porta às conclusões radicais daqueles teólogos que fazem da Trindade, não mais a maior novidade revelada por Cristo no Evangelho, mas a maior deformação do Evangelho, devida ao contato com o mundo helênico.

Podemos pois dizer que em Paulo e no Novo Testamento não existem ainda o termo e o conceito de personalidade aplicado ao Espírito Santo, como também não há para o Pai nem sequer para Jesus Cristo, mas já há a realidade correspondente. *Pneuma* não é mais visto como um simples princípio ou esfera de *ação,* como acontecia na mentalidade hebraica, e muito menos como uma espécie de fluido ou de substância, como acontecia na mentalidade grega, mas é visto também como um *agente,* como alguém que age distintamente porque fala do Filho, testemunha, e é dito tanto como Espírito de Cristo, como Espírito de Deus. O mesmo princípio que serviu para estabelecer a distinção pessoal entre o Pai e o Filho: "Outro é aquele que gera, outro aquele que é gerado; outro aquele que envia, outro aquele que é enviado"[6], vale também para a relação entre o Espírito e o Pai e o Espírito e o Filho: "Outro é aquele que procede, outro aquele de quem procede; outro é aquele que testemunha, outro aquele que é testemunhado...".

Isso não quer dizer que aplicando ao Espírito Santo o conceito de pessoa se tenha dito tudo e se resolveram todos os problemas.

---

[6] Tertuliano, *Contra Praxéas*, 9, 2 (CCL 2, p. 1168).

Como anotava Santo Agostinho, usamos o termo pessoa, na falta de expressão melhor, para não permanecer de todo em silêncio a respeito de Deus, bem sabendo, porém, que esse nome é inadequado para exprimir realmente como aqueles que foram revelados com o nome de Pai, Filho e Espírito Santo[7].

4. Carne e Espírito: dois modos de nascer, de viver e de morrer

Nas suas cartas, o Apóstolo não expõe jamais o mistério cristão, sem fazer seguir ao anúncio a exortação prática, ao *kerigma* fazer seguir a parênese. No caso do Espírito Santo, a passagem do *kerigma* à parênese e do dom ao dever é admiravelmente reassumida pelo Apóstolo com estas palavras: "Se, portanto, vivemos do Espírito, caminhemos também segundo o Espírito" (Gl 5,25). O primeiro verbo está no indicativo e indica aquilo que Deus "fez" por nós, isto é, indica o dom da vida nova no Espírito, ou também o "estado" no qual nos encontramos graças ao batismo.

---

[7] AGOSTINHO, *A Trindade*, VII, 6, 11 (PL 42, 943).

O segundo verbo é um subjuntivo exortativo e indica o "a ser feito" por nós; com isso somos exortados a comportar-nos de maneira coerente com aquilo que nos tornamos. É como se o Apóstolo dissesse ao cristão: "Seja aquilo que você se tornou!" O dom torna-se norma. O Espírito Santo, vida nova, torna-se também a lei nova do cristão.

São Paulo serve-se da oposição carne-Espírito, para delinear uma visão completa da vida cristã, ou seja, para traçar um primeiro esboço de antropologia teológica. Particularmente, tal oposição serve para explicar os três fatos fundamentais da existência: o nascimento, a vida e a morte. Em outras palavras, existem, segundo a palavra de Deus, dois modos de nascer: pela carne e pelo Espírito, dois modos de viver: segundo a carne e segundo o Espírito, dois estilos finais: a morte ou a vida eterna: "Os desejos da carne — diz — levam à morte, enquanto os desejos do Espírito levam para a vida e para a paz" (Rm 8,6).

Procuremos esclarecer, antes de tudo, o significado dos dois termos carne e Espírito. No uso cotidiano "carne" indica o componente corporal do homem, com particular referência à esfera sexual, enquanto que "espírito" indica a razão, ou a alma, isto é, o componente espiritual do homem. Neste sentido se fala, por exemplo, dos prazeres ou pecados da *carne*, ou ao contrário de um cultivo do próprio *espírito*. Esse uso obscureceu muitas vezes o genuíno significado bíblico dos dois termos. Na Bíblia, a oposição carne-Espírito, mesmo incluindo também este primeiro significado, não se limita a ele, mas é mais radical. Carne indica tanto o corpo como a alma, isto é, a inteligência e a vontade do homem, enquanto realidades puramente naturais, marcadas pela união da experiência do pecado que as torna inclinadas ao pecado. Carne indica, em outras palavras, todo o homem na sua precariedade, seja física seja moral, enquanto infinitamente distante de Deus que é Espírito (cf. Jo 4,24). Para usar uma expressão moderna, carne indica a "condição humana". Dizer que o Verbo se fez carne (cf. Jo 1,14) significa dizer que se fez homem, que assumiu a condição humana. E que indica então a palavra Espírito? Indica a realidade divina, e tudo aquilo que o homem é e faz enquanto é movido por esse novo e superior princípio. Na contraposição carne--Espírito, Espírito indica sempre, direta ou indiretamente, o Espírito Santo e se deveria escrever por isso sempre com letra maiúscula.

Para se fazer uma ideia da diversidade dos dois usos — o comum e o bíblico —, basta dizer que o ato comumente tido como o mais "carnal" de todos pode ser, na visão bíblica, um ato excelentemente espiritual, um gesto conforme o Espírito, se realizado dentro do matrimônio, com amor e no respeito à vontade do Criador. Vice-versa, o ato considerado o mais espiritual de todos, como o filosofar, julgado com a medida da Bíblia, é uma obra da carne, se alguém o faz seguindo uma lógica de egoísmo, para exaltar a si mesmo ou a própria raça, ou se com isso se ensina o erro ou a mentira. Paulo chama de fato tudo isso "sabedoria da carne" (Rm 8,7). De resto, sabe-se que o que se entende normalmente com a palavra "espírito", quando se fala do "espírito dos tempos" ou do "espírito do mundo", é exatamente o que a Bíblia chamaria "carne".

Na oposição carne-Espírito da Bíblia, não está simplesmente um jogo de oposição entre instinto e razões, ou entre corpo e alma, mas também a oposição mais radical entre natureza e graça, entre o humano e o divino, entre aquilo que é terreno e aquilo que é eterno, entre o egoísmo e o amor. Carne e Espírito indicam dois mundos e duas diferentes esferas de ação. Esclarecido esse diferente significado dos termos, podemos agora ilustrar a afirmação feita mais atrás, ou seja, que para a Bíblia existem dois modos de nascer: da carne e do Espírito, dois modos de viver: segundo a carne e segundo o Espírito e dois modos de concluir a vida: ou com a morte ou com a vida eterna.

Dois modos de nascer. A Bíblia designa de diversos modos o nascimento natural pelo pai e pela mãe. Chama-o de nascimento "da carne" (Jo 3,6), "do sangue, da vontade da carne e da vontade do homem" (Jo 1,13), "de uma semente corruptível" (1Pd 2,23). É preciso prestar atenção para não ver nisso nenhum juízo negativo, ou de condenação pela geração ou pelo nascimento humano em si. A Bíblia não ignora que, em última análise, também o nascimento natural é de Deus que criou o homem masculino e a mulher feminina justamente para que fossem fecundos e enchessem a terra. Vir ao mundo é um dom e não uma condenação, como pensavam, na antiguidade, platônicos e gnósticos. Se há alguma sombra negativa naquelas expressões, ela não se deve tanto àquilo que o nascimento humano é em si, quanto àquilo que não é; não tanto àquilo que possui, quanto àquilo que ainda lhe falta. A melhor prova disso é que também de Jesus Cristo se diz que nasceu "da semente de Davi *segundo a carne*" (Rm 1,3). Nem sequer a crença no pecado original anula esse valor fundamentalmente positivo da vida humana e que é o nascimento natural. Nas fontes bíblicas, de resto, o pecado original não está jamais assim estritamente ligado ao modo da transmissão da vida pela geração sexual, como será seguido depois por Santo Agostinho.

E vamos ao *nascimento segundo o Espírito*. Também o nascimento pelo Espírito é designado com diversas expressões: "de Deus" (Jo 1,13), "do alto" (Jo 3,3), "de uma semente imortal, isto é, da palavra de Deus" (1Pd 1,23). Este nascimento, ou renascimento, acontece por iniciativa e vontade de Deus Pai, que opera mediante o Espírito. A vida que resulta desse novo nascimento é vida "em Cristo" ou vida "no Espírito". A "semente" com a qual se transmite esta nova vida é a palavra de Deus, acolhida com a fé: "Aquele que *crê* que Jesus é o Cristo *nasceu* de Deus"

(1Jo 5,1). A mesma coisa é dita, às vezes, de outro modo. Não somos nós que na realidade nascemos de novo, mas é Cristo que é concebido e nasce em nós "por obra do Espírito Santo". Mas é a mesma coisa, vista de outro ângulo. Tudo isso se realiza concretamente no batismo, por isso o novo nascimento é chamado "pela água e pelo Espírito" (Jo 3,5). Quem passa por essa experiência, chamada iniciação, é chamado de "nova criatura" e, como pelo nascimento natural se torna filho do homem, filho de um pai e de uma mãe, assim, com este renascimento, se torna filho de Deus (cf. Rm 8,14; 1Jo 3,1).

Dois modos de viver. Em seguida, com estes dois tipos de nascimento — pela carne e pelo Espírito —, a Bíblia fala também de dois modos, ou dois estilos, diferentes de vida, que define respectivamente como, vida segundo a carne e vida segundo o Espírito. São Paulo nos dá uma descrição, quase no estilo de "vidas paralelas": "Os que seguem os desejos da carne gostam do que é carnal; os que seguem as inspirações do espírito apreciam o que é espiritual. O que a carne deseja é a morte; ao passo que os desejos do espírito são vida e paz. Pois os desejos da carne são uma revolta contra Deus; ela não se submete à lei de Deus, nem pode fazê-lo. Quem vive dominado pela carne não pode agradar a Deus" (Rm 8,5-8).

Viver segundo a carne significa viver em nível natural, sem a fé. Vivem segundo a carne aqueles que vivem segundo a natureza, mas não a natureza original, criada boa e reta por Deus e que faz ouvir ainda sua voz, embora enfraquecida, através da consciência, mas a natureza corrompida pelo pecado, que se expressa através de várias concupiscências e principalmente pelo egoísmo. As manifestações típicas de uma vida assim impostada são as chamadas "obras da carne": "fornicação, impureza, libertinagem, idolatria, feitiçaria, ódio, brigas, ciúmes, cobiça, discórdias, divisões, sentimentos de inveja, bebedeiras, orgias e coisas semelhantes" (Gl 5,19-20).

Viver segundo o Espírito significa, ao contrário, pensar, querer e agir, movidos interiormente por aquele princípio de vida nova inserido em nós no batismo, que é o Espírito de Jesus. Viver segundo o Espírito equivale por isso a imitar Cristo. As manifestações desta nova vida são os assim chamados "frutos do Espírito: "amor, alegria, paz, paciência, benignidade, bondade, fidelidade, mansidão, domínio de si" (Gl 5,22).

Dois modos de morrer. E chegamos finalmente aos dois diferentes resultados aos quais o viver segundo a carne e o viver segundo o Espírito, respectivamente, dão lugar: à morte ou à vida: "Se vocês viverem de modo carnal, morrerão. Mas se, pelo Espírito, fizerem morrer as obras da carne, vocês viverão" (Rm 8,13). Se alguém vive segundo a carne, isto é, numa perspectiva puramente natural e terrena — assim como a "carne" é, por definição, aquilo que passa, que se corrompe, que tem um começo, um desenvolvimento e um fim —, o horizonte último de uma tal vida não pode ser senão a morte. Toda carne — diz a Bíblia — "é como a erva e como a flor do campo" (Is 40,6-7). Deste ponto de vista, tem perfeitamente razão aquele filósofo que definiu o homem como um "ser para a morte", alguém que nem acabou de nascer e que já começa a morrer[8]. Não passa desse horizonte: o homem nasce e vive para morrer.

---

[8] Cf. M. HEIDEGGER, Ser e tempo, 51.

Mas se alguém vive segundo o Espírito, assim como o Espírito é, por definição, aquilo que não se corrompe — o horizonte, nesse caso, não se fecha com a morte. A vida nova do Espírito tem um início, mas não tem um fim. "Aquele que semeia em sua carne, da carne colherá corrupções; quem semeia no Espírito, do Espírito recolherá vida eterna" (Gl 6,8). Visto nessa perspectiva "espiritual", o homem não aparece mais como um ser-para--a-morte, mas antes um ser-para-a-eternidade! Nem sequer a carne, é verdade, acabará para sempre na corrupção, graças à ressurreição dos mortos. Mas isto — dar novamente vida ao nosso corpo, nos fins dos tempos — será precisamente a última grande obra do Espírito: "Se o Espírito daquele que ressuscitou Jesus dos mortos habita em vocês, aquele que ressuscitou Jesus dos mortos dará a vida também aos seus corpos mortais por meio de seu Espírito que habita em vocês" (Rm 8,11).

Índice

Apresentação 5

I. Começaram a falar em outras línguas
*O Pentecostes lucano e o Espírito
de unidade* 7

   1. "Batizados num só Espírito para
      formar um só corpo" 13
   2. O Espírito Santo, alma da Igreja 17
   3. Pentecostes e Babel 21
   4. Quem eram os construtores de Babel 34

II. Receberão a força do Espírito Santo
*O Pentecostes lucano e o Espírito
de profecia* 45

   1. O Espírito da Palavra 47
   2. O ofício da pregação 56
   3. Pregar o Evangelho no Espírito Santo .. 64

III. "Soprou sobre eles e disse: Recebam o Espírito Santo"
O Pentecostes joanino e o Espírito da verdade 71

1. O Espírito Santo em João e nos Sinópticos: novidade e continuidade 75
2. O Espírito Santo, princípio do nascimento e do crescimento da Igreja 81
3. O Espírito da verdade 86
4. O Espírito "Consolador" 91
5. Sede ou medo do Espírito Santo? 93

IV. "Todas estas coisas faz o único e mesmo Espírito"
O Pentecostes paulino e a "pessoa" do Espírito Santo 97

1. A síntese paulina sobre o Espírito Santo 99
2. Carismas e caridade 102
3. O Espírito "pessoa" 107
4. Carne e Espírito: dois modos de nascer, de viver e de morrer................114

Este livro foi composto com as famílias tipográficas Arial Rounded, Times New Roman e Helvetica e impresso em papel Offset 75g/m² pela **Gráfica Santuário.**